GW01418905

# MICHEL FOUCAULT
## le philosophe archéologue

### ANDRÉ GUIGOT

LES ESSENTIELS MILAN

# Sommaire

*Les mots suivis d'un astérisque (\*) sont expliqués dans le glossaire.*

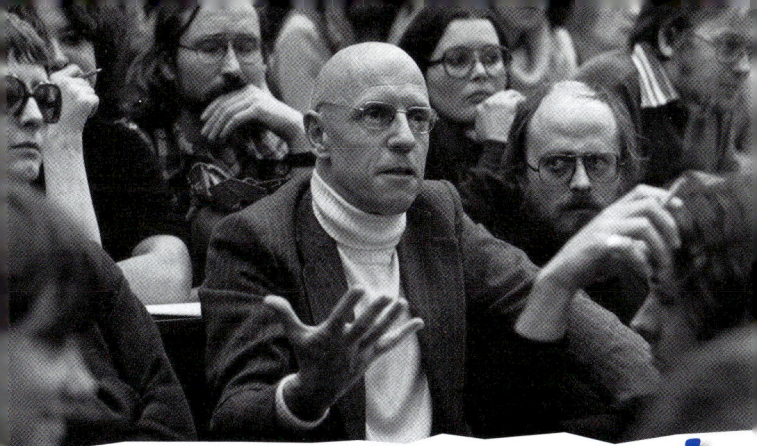

# Le penseur du contre-pouvoir

Une œuvre immense, une influence considérable, un personnage fascinant : il est impossible de « résumer » la philosophie de Michel Foucault (1926-1984) tant sa richesse et sa profondeur sont grandes. Néanmoins il est utile de tracer des chemins qui mènent à sa lecture et à sa compréhension. L'érudition extraordinaire de Foucault et son intelligence intimident forcément le lecteur. Pourtant, il faut découvrir son travail immense, car il change tout dans notre façon de voir les choses, il transforme tout de l'intérieur et définitivement, un peu à la manière des grandes sagesses grecques, mais avec les outils de la science contemporaine. Il remet en cause tous les savoirs et tous les pouvoirs : la psychiatrie et la médecine, le droit, les sciences du langage, le pouvoir de punir et de guérir sous toutes ses formes, le partage folie-raison, la sexualité et son histoire, la littérature et ses marges, la « raison » philosophique. Aucune institution n'échappe aux analyses du philosophe. Dévoiler le fonctionnement et les enjeux souvent masqués des pratiques et des connaissances humaines nous permet de cerner le pouvoir et le savoir qui guident la vie de tout individu.

# La jeunesse : de Poitiers à Paris

**Le travail et la tranquillité semblent résumer la jeunesse de Foucault, certes marqué par la guerre, mais soucieux de réussir dans une autre voie que celle de son père, chirurgien à Poitiers.**

**Paul, fils de Paul**

Même prénom pour le grand-père, le père et le fils ! Le futur philosophe préférera être appelé « Michel » ; sans doute est-ce là une trace de la haine pour son père, héritée de l'adolescence.

## Poitiers, l'enfance

Fils et petit-fils de chirurgien, né à Poitiers en 1926, Paul-Michel Foucault connaît une enfance paisible. Il entre à l'école dès l'âge de 4 ans. Sa famille valorise le travail et la rigueur, la religion n'étant pas la préoccupation majeure. Plutôt « littéraire », le jeune Michel est inscrit dans un collège religieux (Saint-Stanislas) pour améliorer ses résultats scolaires. Nous sommes alors en septembre 1940. Dans une ville occupée depuis quelques semaines, l'atmosphère est calme en apparence, pesante et dangereuse en réalité. Deux professeurs de philosophie, le père Lucien et le chanoine Duret, ont été déportés par les Allemands ! Après avoir obtenu son baccalauréat en juin 1943, Paul-Michel choisit, contre l'avis de son père, les classes préparatoires littéraires plutôt que la médecine et s'intéresse particulièrement au cours de philosophie... 1943-1945, les années difficiles ? Pas vraiment, même si Foucault décrira Poitiers comme une ville étouffante. Il rate de peu l'entrée à Normale sup : il est 101e alors qu'il n'y a que 100 admissibles.

## Le virage de 1945 : Paris, Henri-IV

À l'automne 1945, Foucault s'installe à Paris et devient élève au lycée Henri-IV. Il n'oublie pas Poitiers pour autant – après la mort de son père (1959), il y reviendra même à toutes les vacances scolaires, pour voir sa mère. Travailleur acharné, Michel Foucault passera en juillet 1946, cette fois avec succès, les épreuves du concours et intégrera l'École normale supérieure de la rue d'Ulm. Des années difficiles en perspective...

## Déjà Hegel...

Au lycée Henri-IV, Foucault suit brièvement les cours de Jean Hyppolite (1907-1968) sur Hegel (1770-1831), l'auteur de *La Phénoménologie de l'esprit*. L'exaltation du sens de l'histoire fascine le jeune Foucault, comme il passionne d'autres devenus célèbres : Alexandre Koyré, Georges Bataille, Jacques Lacan. L'influence du penseur allemand reste considérable même si ses successeurs insistent davantage sur ce qu'ils refusent de l'héritage hégélien. Elle est essentielle en ce qu'elle oblige tous ceux qui douteront du sens de l'histoire, de sa lente marche rationnelle et dialectique, à se déterminer par rapport à elle. Il faut en effet comprendre que pour le philosophe allemand, non seulement l'histoire suit un processus dialectique et rationnel, mais toutes les passions humaines, y compris les plus folles, expriment à leur façon une « raison » certes cachée mais réelle : toute la réalité humaine contient en elle-même un ordre et participe au mouvement de l'histoire dont elle n'est qu'un « moment ». L'irrationnel n'est alors qu'une apparence. Une telle philosophie ne peut que fasciner dans un premier temps le jeune normalien. La « folie », par exemple, et tous les dérèglements de l'âme, deviennent interprétables dans le cadre d'une raison qui les dépasse.

Né à Poitiers en 1926, Michel Foucault connaît une enfance paisible dans une famille bourgeoise, puis découvre le lycée Henri-IV et Paris. Du refus de devenir médecin à la vocation philosophique, le jeune Paul-Michel, malgré la guerre, semble à l'abri du malheur.

# L'épreuve de Normale sup

**Étudiant brillant, mais mal dans sa peau, le jeune Foucault vit de façon très douloureuse le régime imposé par l'ENS qu'il intègre, après bien des efforts, en 1946. Sa deuxième tentative au concours d'agrégation de philosophie est couronnée de succès.**

### Le philosophe asocial

Jeune homme particulièrement solitaire, asocial selon ses condisciples, Michel Foucault s'adapte très mal aux conditions de vie et de travail à « l'École ». Son originalité de caractère, sa bizarrerie témoignent d'un mal-être, d'une fragilité psychologique qui le conduisent à une tentative de suicide, en 1948, et à un suivi psychiatrique. Sans doute le jeune Michel fait-il à cette occasion la première expérience de la marge sociale et de la frontière toute relative qui sépare le « normal » du « pathologique ». Beaucoup verront dans cette douloureuse expérience l'expression d'une homosexualité mal vécue dans une société encore si fermée. On ne doit pas pour autant réduire son œuvre et sa personnalité à ses difficultés psychologiques : de nombreuses personnes « marginales » ou ayant souffert de leur identité particulière, de leur choix de sexualité, n'ont pas, pour autant, créé de philosophie ou produit une œuvre comparable, loin s'en faut ! Mais il est indéniable que les pressions sociales s'exercent sur le jeune normalien livré au regard des autres dans un milieu relativement clos.

> *« Chaque fois que j'ai essayé de faire un travail théorique, ça a été à partir d'éléments de ma propre expérience : toujours en rapport avec des processus que je voyais se dérouler autour de moi. C'est parce que je croyais reconnaître dans les choses que je voyais, dans les institutions auxquelles j'avais affaire, dans mes rapports avec les autres, des craquelures, des secousses sourdes, des dysfonctionnements, que j'entreprenais un tel travail, des éléments d'autobiographie. »*
> Foucault, « Est-il donc important de penser ? », *Libération*, 30 mai 1981.

la jeunesse    raison et folie    structuralism

## L'échec et la réussite

Que lit le Foucault normalien ?
Freud, Politzer et sa critique des
fondements de la psychologie,
mais aussi Kafka, Faulkner, Gide...
et Sade. Il découvre Heidegger
et Nietzsche, suit les cours de
Merleau-Ponty à la Sorbonne.
Foucault échoue la première fois à
l'agrégation en 1950, ce qui scan-
dalise ses camarades. Mal placé
après l'écrit, il n'est pas inspiré par
le sujet imposé à l'oral, « l'hypo-
thèse ». Cet échec inquiète son entourage en raison
de son caractère fragile. Son érudition et sa réflexion
brillante font la différence l'année suivante. Reçu
à l'agrégation de philosophie en 1951, il intègre
ensuite la fondation Thiers, une institution d'État
qu'il ne supporte pas davantage que Normale sup.
Ses relations décidément conflictuelles le poussent
à partir au bout d'un an au lieu de trois. Devenu
assistant à Lille (1952), Foucault poursuit sa formation scientifique et psychologique, entamée alors
qu'il préparait le concours.

## La faiblesse psychologique : une force philosophique

Beaucoup de biographes ont insisté sur ses problèmes
psychologiques. Bien que réels, ceux-ci permettent,
positivement, de comprendre ses difficultés à vivre
dans une société policée, normative*, régie par des
principes et une hypocrisie que le jeune philosophe
ne supporte pas. Loin d'être une faiblesse, sa relative
inadaptation va constituer, au contraire, un élan critique et une puissance d'analyse considérable. Toute
la force du philosophe réside dans son pouvoir
de penser et de dépasser ses souffrances. Par le savoir,
le travail, Foucault prend le recul nécessaire, et, peu
à peu, transforme son incompréhension en œuvre.

Le caractère asocial, difficile de Michel Foucault témoigne d'un refus des convenances collectives tout autant que de difficultés proprement psychologiques. Au lieu de les réduire à du négatif, il vaudrait mieux voir dans ses difficultés d'adaptation le signe d'un esprit critique exceptionnel.

# Foucault psychologue

**Le philosophe, passionné par les études de psychologie, est à la fois théoricien et praticien. Son expérience clinique, moins connue, fut pourtant déterminante dans sa prise de distance à l'égard du pouvoir médical.**

## La naissance d'une passion

L'homosexualité plus ou moins acceptée, les troubles du comportement et les souffrances ne suffisent pas à expliquer les choix d'un individu, encore moins son œuvre. Foucault se passionne pour la psychologie par goût et par nécessité personnelle. Licencié en 1949, il passe le diplôme de l'Institut de psychologie de Paris. Il étudie Sigmund Freud (1856-1939), le fondateur de la psychanalyse*, et Ludwig Binswanger (1881-1966), un grand psychiatre suisse moins connu, médecin et philosophe, qui œuvra pour une psychanalyse ouverte au problème de l'existence et de la liberté humaine, sans le dogmatisme freudien lié à la croyance dans le déterminisme inconscient. En 1953, Foucault rédige une introduction au texte de Binswanger, *Le Rêve et l'Existence*, qu'il a traduit avec Jacqueline Verdeaux.

L'intérêt de Foucault pour la psychologie passe par les études pratiques de la psychopathologie*, les expériences et l'aspect clinique*, thérapeutique de la discipline. Le travail concret dans les hôpitaux psychiatriques lui fait prendre conscience du caractère profondément original, irréductible, de la folie. Grâce à ses influences intellectuelles multiples, le philosophe

la jeunesse    raison et folie    structuralism

prend ses distances à l'égard d'un pouvoir* médical qui lui paraît trop académique et oppressant, en particulier du point de vue des malades.

## Foucault à Sainte-Anne

Psychologue à l'hôpital psychiatrique Sainte-Anne à Paris de 1952 à 1953, Foucault expérimente à sa manière la frontière qui sépare les malades et les médecins. Confronté à la réalité de la maladie mentale, il apprend à la fois à élaborer des analyses de « cas », des diagnostics et des traitements. Il participe même au suivi psychologique à l'Hôpital général des prisons françaises à la prison de Fresnes, où il exerce comme assistant, dans un laboratoire d'électro-encéphalographie. Il s'intéresse même au fameux test de Rorschach, consistant à interpréter les réactions face à des taches d'encre. Il expérimente cette technique, aujourd'hui considérée comme limitée par de nombreux psychologues, sur son entourage, ses étudiants, ses amis...

## Entre Paris et Lille

Les cours qu'il donne à Normale sup entre 1951 et 1955 le conduisent à la rédaction d'un ouvrage, *Maladie mentale et personnalité*, dans lequel il critique la psychanalyse, rend hommage à la psychiatrie existentielle, seule à même d'appréhender la maladie en tenant compte de l'expérience vécue des patients, et évoque les conditions d'une psychologie scientifique. En quoi consiste cette approche « existentielle » ? Il s'agit de partir de l'expérience que fait chaque homme de sa condition et de son rapport au monde, puis de considérer la maladie comme une modalité particulière de cette expérience. Foucault abandonnera plus tard certaines approches matérialistes marxistes* qui sont encore les siennes à cette époque. Parallèlement, il enseigne la psychologie à Lille, de 1952 à 1955, s'initie à la musique contemporaine, découvre Nietzsche : autant d'influences déterminantes dans le destin du philosophe.

*« La psychologie ne se sauvera que par un retour aux enfers. »* Foucault, « La recherche scientifique et la psychologie », *in Des chercheurs français s'interrogent*, 1957.

Les problèmes personnels de Foucault ne suffisent pas à expliquer l'intérêt qu'il porte à la psychologie. C'est en vrai passionné qu'il découvre la théorie et la pratique de la psychopathologie, traduisant Binswanger, l'un des fondateurs de la psychiatrie, étudiant même concrètement les comportements humains.

# L'Histoire de la folie :
# un premier monument

**Un texte révolutionnaire va marquer le début des années 1960 : l'*Histoire de la folie à l'âge classique,* une étude critique magistrale et troublante de la ligne si relative et si défendue du partage entre la raison et la folie.**

## La relativité de la raison

La parution en 1961 de l'*Histoire de la folie à l'âge classique* constitue un événement culturel majeur. L'étude ne porte pas sur une simple histoire de la psychiatrie, ce long « monologue de la raison » sur la folie réduite à un objet silencieux, soumis. Issu de sa thèse de doctorat, l'ouvrage vise plus loin et défend l'idée suivante : il n'y a pas d'« essence », de nature plus ou moins éternelle et fixe de la folie. Celle-ci résulte d'une vision des choses relative à chaque société et à chaque époque. Bien plus : le « fou » n'a pas toujours été considéré et rejeté comme « malade mental ». L'histoire est une mine d'enseignements à ce sujet. Dépendant totalement de la culture dans laquelle on se situe, le regard que l'on porte sur la « folie » varie considérablement. Cette variation démontre la relativité de l'objet « folie », mais également celle de la « raison » qui prétend l'étudier et la connaître.

## Les grandes étapes. Naissance d'une équivoque

Foucault analyse les différents moments du rapport raison-folie dans l'histoire.

la jeunesse     raison et folie     structuralisme

Le Moyen Âge n'exclut pas le fou, qui jouit d'une certaine liberté. On lui prête volontiers un pouvoir de vision, de dépassement de la réalité que les autres, les « normaux », n'ont pas. La rupture s'établit à partir de ce que Foucault nomme « l'âge classique », aux XVIIe et XVIIIe siècles. C'est là qu'apparaît la séparation progressive entre la raison et la « déraison », la folie étant alors définie négativement. Le premier événement qui symbolise ce passage est la création de l'Hôpital général à Paris en 1656. Pauvreté et folie ont le même destin. Le fou et le vagabond, coupables d'« oisiveté » aux yeux de la religion, méritent un traitement, une rééducation morale. L'événement lui-même est marquant, puisqu'on enferme 1 Parisien sur 100, pour des besoins liés à la charité et à la punition. C'est le point de départ de « *l'indissociable équivoque* » de l'enfermement. On interne à la fois « *à titre de bienfait et à titre de châtiment* ». Un psychiatre, Philippe Pinel, exige d'ôter les chaînes aux fous en 1793. Ce geste constitue un événement culturel et social considérable, dans la mesure où le « fou » va devenir libre en apparence, mais prisonnier de la science censée le délivrer de lui-même. On ne prête plus rien à la folie, on lui prend tout. L'hôpital enferme, pour les aider, tous les exclus, invalides, fous, orphelins... Le partage raison-folie, loin d'être une « théorie », se concrétise par une gestion des corps et des espaces humains.

## Le mythe de « l'aliéné »

L'hospitalisation relaye l'exclusion sociale du fou. Il faut donc justifier cette pratique. Le diagnostic d'« aliénation » intervient pour légitimer scientifiquement ce qui se pratiquait déjà. Le fou n'est plus défini par sa différence mais par son « aliénation ». Comme il est enfermé dans sa tête, on peut l'enfermer vraiment, sans scrupule. La psychiatrie reprend ni plus ni moins ce mythe, l'accepte comme une vérité. Voilà comment le fou a peu à peu acquis une « nature »...

**La charité et l'ordre**

« *Dans ces institutions* [hôpitaux, asiles] *viennent ainsi se mêler, non sans conflits souvent, les vieux privilèges de l'Église dans l'assistance aux pauvres et dans les rites de l'hospitalité, et le souci bourgeois de mettre en ordre le monde de la misère : le devoir de charité et la volonté de châtier...* » Foucault, *Histoire de la folie à l'âge classique*, 1961.

L'apparition de l'asile à l'époque moderne suppose une définition de la folie, un partage raison-déraison. L'ouvrage de Foucault constitue une analyse implacable et passionnante de cette histoire.

# Le bouleversement de l'*Histoire de la folie* : l'antipsychiatrie

**Foucault démontre à quel point la science psychiatrique exprime, par le savoir qu'elle établit sur l'homme, une exclusion, un partage entre le « fou » et l'homme « normal ». Ce partage correspond à une répression fondamentale.**

### La nef des fous

Au Moyen Âge, les fous sont considérés comme des êtres extérieurs à la raison, « *auréolés d'une transcendance imaginaire* ». Durant la Renaissance, les fous chassés des villes et des villages sont souvent représentés dans des tableaux, abandonnés et dérivant sur une embarcation, « *étrange bateau ivre qui file le long des calmes fleuves de la Rhénanie et des canaux flamands* ». Ils sont à la fois exclus et libres

*La Nef des fous* de Jérôme Bosch (1450-1516), hanté, comme beaucoup de ses contemporains, par la folie des hommes.

dans leur errance. *La Narrenschiff* ou « nef des fous » fut une réalité historique, notamment à Nuremberg. Peu à peu, à partir du XVII$^e$ siècle, le savoir va se constituer sur eux pour les enfermer comme « malades mentaux ». L'événement du « grand renfermement » symbolise l'invention d'une géographie concrète et sociale des fous.

### La naissance d'un pouvoir disciplinaire

En séparant les fous des autres dans l'Hôpital général, on définit la folie non comme un « plus » (mystérieux) mais par le négatif (absence de raison). La clinique* réduit le fou à un être enchaîné dans sa tête, d'où la confusion de la guérison et de la punition, du châtiment et du remède. Derrière l'authentique volonté d'aider, de guérir les malades mentaux, toute une machinerie médicale, avec sa science, n'est que le prolongement honorable d'une pratique d'exclusion sociale. Le savoir n'est donc pas indépendant du pouvoir*. L'esprit disciplinaire* de la société moderne fabrique des théories médicales et des pratiques pour maîtriser cette partie d'elle-même qui lui fait si peur. « *N'est-il pas important pour notre culture que la déraison n'ait pu devenir objet de connaissance que dans la mesure où elle a été au préalable objet d'excommunication ?* » (*Histoire de la folie*, 1961.) En analysant les conditions d'apparition du savoir sur la folie, le philosophe démystifie ce savoir et sa prétendue « objectivité ». Du même coup, c'est la psychiatrie qui est mise en cause et perd ainsi une sorte d'auréole de neutralité et de pureté.

> **« *La quasi-identité du geste qui punit et de celui qui guérit...* »**
>
> Le traitement correctif de la folie comporte deux aspects : une aide authentique du malade, et un désir de le rééduquer moralement pour l'intégrer à nouveau dans la société telle qu'elle est. L'étude historique de Foucault fait apparaître ce double aspect, d'où l'obsession de la psychiatrie au XIXe siècle à considérer comme « pathologiques » tous les comportements réfractaires à l'ordre établi : l'enfant fugueur, le soldat déserteur, etc.

## L'antipsychiatrie

Au début des années 1960, un groupe de médecins psychiatres critique l'institution de l'enfermement des fous. Pour eux, c'est la répression, l'aliénation que produit la société qui est à l'origine de cette violence intérieure vécue comme « folie ». Ronald Laing (1927-1989) et David Cooper (1931-1986) conçoivent l'enfermement comme une répression supplémentaire. Influencés par la philosophie de la liberté de Sartre, ils critiquent sévèrement l'institution psychiatrique hospitalière. Le travail de Foucault, d'abord théorique, purement universitaire et savant, va devenir *la* référence contestataire. Ce n'était pas du tout son projet initial. Qu'importe : le fait de démontrer historiquement la relativité de la folie (et son importance politique) servira de base à tous ceux qui refuseront d'admettre le pouvoir médical et son prolongement moral comme « naturels ». Plus ou moins malgré lui, Foucault devient le porte-parole de tous ceux qui mettent en cause le pouvoir exorbitant de la psychiatrie et défendent une libération des malades : le courant antipsychiatrique.

L'influence énorme de Foucault sur les critiques de la psychiatrie trouve son origine dans le dévoilement opéré par son *Histoire de la folie*. On y découvre une « folie » inventée pour classer, placer tous ceux qui refusent de vivre, d'être comme les autres. La volonté (réelle) de guérir les souffrances joue le jeu d'une société répressive.

# Le pouvoir et le savoir médical

**Dans *Naissance de la clinique*, Foucault retrace les grandes étapes du regard médical, correspondant au développement de la « clinique », vaste ensemble d'observation et de surveillance des corps. Ce travail prolonge son *Histoire de la folie*.**

## L'archéologie* du savoir médical

Foucault analyse le savoir psychiatrique comme un instrument de pouvoir* du psychiatre sur le malade. La dissymétrie entre médecins et patients a des raisons d'être objectives et historiques qui échappent aux médecins eux-mêmes. Mais la dénonciation antipsychiatrique ne fait pas tout. Le caractère non naturel et donc artificiel et arbitraire de la « folie » est le produit d'une certaine société. À quelles conditions le savoir médical sur la folie a-t-il été possible ? Foucault publie en 1963 *Naissance de la clinique*\*, une analyse du regard médical. « *Il est question dans ce livre du langage, de l'espace et de la mort, il est question du regard.* » C'est à partir d'une observation systématique des malades que la médecine s'institue comme savoir. « Voir » détermine savoir, pour un médecin. Mais le regard évolue, et la manière de définir la maladie également. Entre le milieu du XVIIIe siècle et le début du XIXe s., une mutation profonde change le regard et donc le savoir médical. Le simple fait d'observer n'a

*« Il restera sans doute décisif pour notre culture que le premier discours scientifique tenu par elle sur l'individu ait dû passer par ce moment de la mort. C'est que l'homme occidental n'a pu se constituer à ses propres yeux comme objet de science [...] que dans l'ouverture de sa propre destruction : de l'expérience de la déraison sont nées toutes les psychologies et la possibilité même de la psychologie ; de l'intégration de la mort dans la pensée médicale est née une médecine qui se donne comme science de l'individu. »*
Foucault, *Naissance de la clinique, une archéologie du regard médical*, 1963.

---

### La « pudeur » médicale

L'observation étant nécessaire à la connaissance objective, les médecins la réservent au XVIIIe siècle aux femmes dites « perdues », pauvres, prostituées, immorales. L'accouchement peut ainsi faire l'objet d'une observation savante pour les femmes dont on considère qu'elles ne valent moralement pas grand-chose. La pudeur est sauve, le mal des unes faisant le bonheur des autres, en l'occurrence de la société et des « bonnes mœurs ».

---

la jeunesse    raison et folie    structuralism

pas le même sens au XVIIIᵉ s. et au début du XIXᵉ s. ! La médecine change avant tout son regard sur la vie et le corps humain en étudiant la mort : c'est la naissance de l'anatomopathologie.

## Du savoir à la politique

La clinique localise les maladies. On parle encore, dans la première moitié du XVIIIᵉ siècle, d'une médecine des « espèces », où les maladies sont réparties en trois niveaux : un ensemble idéal de définitions, leur localisation dans le corps et le milieu social auquel on attribue, selon Foucault, une influence déterminante. C'est cette « localisation ternaire » qui va jouer un rôle moteur dans le développement de la médecine. Peu à peu, des politiques de santé apparaissent en Europe, la santé devenant une cause publique. La Révolution fait naître le mythe d'une société saine, épurée, d'un retour à la nature. La santé est une affaire d'État. Le médecin est désormais en charge de la bonne conduite des individus, et une moralisation générale accompagne ce processus. Une « médecine d'État », des services de surveillance et de statistiques, un nouveau recours à l'hôpital voient le jour.

## La clinique : l'humanité visible

La visibilité croissante de chaque individu correspond à l'émergence d'une véritable « science clinique » dont Foucault retrace les grandes étapes historiques. La « clinique » désigne à la fois ce qui se manifeste de la maladie, l'essentiel des symptômes, et l'apprentissage savant de ceux-ci. L'hôpital devient dans la seconde moitié du XVIIIᵉ siècle une machine à guérir et non plus seulement un lieu d'assistance. Cette transformation implique une réorganisation de l'hôpital et une redéfinition du statut du malade. La connaissance du « corps » et de la « maladie » est déterminante. Que signifie précisément la maladie ? Pour y répondre, l'anatomie devient nécessaire. Il faut étudier les corps morts pour connaître les vivants.

Le regard médical conditionne la connaissance du corps. La discipline s'empare des comportements quotidiens par le biais de la science médicale.

# Clermont-Ferrand et la littérature

**Nommé à Clermont-Ferrand, Foucault va y enseigner de 1960 à 1966. Il y connaît une certaine tranquillité et une reconnaissance institutionnelle. On est loin, en apparence, du penseur engagé des années 1970. Pourtant, il est fasciné par les créateurs marginaux, et par les « marges » elles-mêmes, dont la littérature foisonne.**

Foucault et son ami Daniel Defert sur les bancs de la Sorbonne, en mai 1968.

## Foucault à Clermont-Ferrand

Après son périple suédois, le philosophe a voyagé en Pologne (Varsovie, 1958), en Allemagne (Hambourg, 1959-1960). Il obtient un poste à Clermont-Ferrand en psychologie en 1960. De 1960 à 1966, Foucault va faire des allers-retours entre Clermont et Paris, où il participe à des réunions au ministère pour réformer l'université. Foucault échoue à titulariser son ami Deleuze, un autre philosophe dont il se sent très proche et qui sera finalement nommé à Lyon. C'est le philosophe marxiste* Roger Garaudy qui sera nommé à Clermont-Ferrand. La « guerre des postes » a toujours prévalu à l'université, où la cooptation est la règle. À Clermont, Foucault travaille sur l'histoire, le droit, la sexualité*, s'entoure de deux assistantes pour le seconder à la faculté.

On les surnomme les *Foucault's sisters*. L'enseignant, par ailleurs immense savant, est un excellent pédagogue qui impressionne ses étudiants par son côté « dandy » (il est souvent habillé en noir) et le sérieux de ses cours. Il rencontre celui qui restera son compagnon toute sa vie, Daniel Defert, alors jeune philosophe. Cette période est marquée par la préparation de deux livres fondamentaux : *Naissance de la clinique** et *Les Mots et les Choses*.

## La littérature, la découverte de Roussel

Passionné par la littérature, Foucault préface des études sur Nietzsche et publie surtout une étude sur Raymond Roussel, un poète et dramaturge psychologiquement fragile. Né en 1877, auteur, entre autres, de *La Vue, Comment j'ai écrit certains de mes livres...*, cet écrivain encore méconnu à cette époque constitue un sujet de recherche privilégié. Le philosophe y voit le génie aux prises avec le pouvoir* médical. Ex-patient du psychiatre Janet, Raymond Roussel projetait d'aller en Suisse se faire soigner dans la clinique d'un certain Binswanger (*voir* p. 8-9), lorsqu'il s'arrêta à Palerme et se suicida mystérieusement en 1933. Fasciné par son histoire, Foucault écrit un livre qui s'attache surtout aux mécanismes littéraires. Durant cette période consacrée à la littérature, Foucault s'intéresse aussi aux écrivains du Nouveau Roman, il écrit notamment sur Robbe-Grillet.

## Une curieuse fascination pour les « cas »

Ceux qui inscrivent leur génie dans une rupture avec l'ordre social établi au moment où ils vivent et écrivent, parfois justement pour survivre dans un ordre absurde, fascinent véritablement Foucault. Sade en fait partie, tout comme Van Gogh, le dramaturge Antonin Artaud ou Nietzsche. C'est ce qui constitue alors une grande originalité pour un philosophe par ailleurs rationaliste. Ces artistes et écrivains en marge sont importants car ils sont les signes, les symptômes de notre culture. Le succès retentissant de l'ouvrage de Foucault *Les Mots et les Choses* accompagnera sa nomination à... Tunis en 1966. L'aventure de cet intellectuel hors normes continue.

**Foucault et 68**

Contrairement à de nombreux préjugés, Foucault ne pouvait préparer activement une quelconque « pensée 68 ». Il participe, de 1960 à 1966, à une réforme de l'université contre laquelle les étudiants de mai 68 vont justement se révolter. Évidemment, le philosophe n'est pas gaulliste, encore moins conservateur. Mais son engagement politique fut, dans les faits, assez tardif. Il est même, dans ces années, anticommuniste, parce que antistalinien.

À Clermont-Ferrand, Michel Foucault s'institutionnalise. Parallèlement à ses études historiques et scientifiques, il s'intéresse de plus en plus à la littérature, notamment à la vie d'écrivains marginaux.

# Les Mots et les Choses :
# un deuxième monument

Les Ménines de Vélasquez (1656) : Les Mots et les Choses s'ouvrent sur une description de ce tableau. Philippe IV, dont le peintre sur la gauche fait un portrait et qui se trouve à l'extérieur du tableau, à la place du spectateur, se reflète uniquement dans un miroir : c'est la représentation à l'infini du souverain, dans le jeu de fuite du regard. Le pouvoir* repose sur quelque chose de fuyant, d'extérieur ; la « vérité » elle-même est déchiffrée par le philosophe comme reflet fuyant et relatif, elle est une pure « représentation » !

**Le savoir et l'homme ne sont que des « images » relatives à une époque donnée ! Aucune vérité, aucun sens de l'histoire n'existent vraiment. Foucault dévoile les structures de la connaissance et son essentielle relativité : c'est la portée extraordinaire des *Mots et les Choses*.**

## Un tremblement de terre intellectuel

La parution de l'ouvrage *Les Mots et les Choses, une archéologie des sciences humaines* en 1966 provoque un séisme dans le monde des idées. Le livre est vertigineux de profondeur, intimidant par l'érudition phénoménale qu'il utilise. Chaque période historique, culturelle, est marquée par une grille du savoir, une image de la connaissance : l'*épistémè*\*. C'est dans cette grille relative à chaque époque que les sciences apparaissent. La vérité est donc, pour une large part, le reflet d'une histoire dont Foucault analyse les conditions, les principes. À chaque époque ses *a priori*, ses sciences. À partir du Moyen Âge, Foucault repère trois grandes périodes du savoir occidental. La Renaissance (XVIᵉ s.) décrit des signes inscrits dans les choses. Le savoir est fondé sur la ressemblance. L'âge classique (XVIIᵉ et XVIIIᵉ s.) distingue le mot et la chose plus radicalement. Connaître, c'est classer, organiser en « tableaux ». Le savoir est celui de la re-présentation. L'*épistémè* classique conditionne la grammaire générale, l'analyse des richesses (l'ancêtre de l'économie) et l'histoire naturelle.

la jeunesse    raison et folie    structuralisme

Le savoir moderne (XIXᵉ-XXᵉ s.) invente « l'homme » comme objet de connaissance. Au XIXᵉ siècle, trois domaines apparaissent : la philologie (l'étude des textes et de leur généalogie), l'économie politique et la biologie. C'est toute une figure de l'homme qui est ainsi objet du savoir, l'homme qui parle, qui travaille, qui vit. La médecine, la psychologie, la sociologie vont également contribuer à faire de l'homme un objet de connaissance.

## Le conditionnement des sciences humaines

La prétention des sciences humaines à se vouloir « scientifiques » est d'emblée critiquée. Du fait de leur dépendance aux trois domaines issus de l'*épistémè* dominante au XIXᵉ siècle (philologie, économie politique, biologie), elles ne peuvent au mieux que les imiter, se projeter à travers elles. Et si, après avoir fait de l'homme un objet de connaissance, dans son travail, sa vie, son langage, on s'apercevait que toute forme de savoir est relative ? Le philosophe n'a plus à dire ce qui doit être. Son monde n'est plus, comme chez Platon, le monde des idées, mais celui des faits. Son travail est celui d'un archéologue* : trouver le sol sur lequel se bâtit chaque science, ce qui suppose que les pensées d'une époque (vérités et valeurs) sont destinées à être remplacées un jour par d'autres. Le philosophe-archéologue « sape » donc, à la base, la prétention du philosophe à l'universalité, à l'éternité. Tout est relatif, dans le savoir, à une époque, à une *épistémè* donnée.

## La « mort de l'homme* »

La dernière page des *Mots et les Choses* est sans doute la plus connue et la moins comprise. Foucault relativise de manière très poétique l'importance de l'humanisme*, en replaçant ses prétentions dans un contexte historique. « L'homme » comme objet de culte et de savoir est relativement récent et destiné à disparaître « *comme à la limite de la mer un visage de sable* ». Il faudrait sans doute apprendre à le désacraliser.

---

**La mort de l'homme**

« *L'homme est une invention dont l'archéologie de notre pensée montre aisément la date récente. Et peut-être la fin prochaine.* » Foucault, *Les Mots et les Choses*, 1966.

---

Foucault découvre que les grands principes sur lesquels nous fonctionnons sont relatifs à des « structures » historiques. Chaque époque ayant son modèle du savoir produit des sciences, sans doute valables en elles-mêmes, mais ne faisant, au fond, que refléter leur époque.

---

# Le métier d'archéologue-philosophe

**Foucault transforme le paysage intellectuel, change le contenu et la fonction de la philosophie. L'histoire n'a pas de sens préétabli. Le philosophe doit abandonner l'idéal de vérité éternelle, comme la recherche d'un fondement absolu, d'une origine des choses. Il doit mettre au jour les « structures » cachées d'une civilisation.**

**Interpréter l'interprétation**

Si le sens n'est pas le produit d'un projet mais d'une structure, l'homme conscient, « rationnel » en apparence, n'est pas non plus le point de départ. Foucault rejette les philosophies qui admettent la conscience comme origine de la signification et opte pour l'analyse plus froide et objective des « énoncés » organisés en systèmes.

## L'« impensé »

Le savoir est relatif à une époque donnée, ainsi qu'à l'image qu'il se donne de ce que signifie « connaître ». Mais l'*épistémè*\*, en tant qu'image du savoir, n'est pas gratuite ou arbitraire. Les *épistémès* sont des cadres de pensée qui nous permettent d'apprendre et d'agir. L'une des découvertes fondamentales de Foucault réside dans le caractère non conscient, non volontaire des structures qui nous conditionnent jusque dans nos normes\* de conduites et nos valeurs. Les soubassements d'une culture et d'une société ne sont pas issus de projets philosophiques ou politiques. Ils constituent cet « impensé » par lequel l'homme agit et pense, au fond, sans savoir « d'où » il parle vraiment. Pareil à un géologue, Foucault dévoile les couches successives sur lesquelles est assis le savoir sur l'homme. Du même coup, tous les fondements conscients et volontaires de la connaissance humaine sont relativisés. La perspective archéologique\* affaiblit

> « Plus d'un, comme moi sans doute, écrivent pour n'avoir plus de visage. Ne me demandez pas qui je suis et ne me dites pas de rester le même : c'est une morale d'état civil ; elle régit nos papiers. Qu'elle nous laisse libres quand il s'agit d'écrire. »
> Michel Foucault, *L'Archéologie du savoir*, 1969.

la jeunesse    raison et folie    structuralisme

considérablement les prétentions de l'humanisme\*. On ne peut plus affirmer, comme Descartes, « *Je pense donc je suis* », on ne peut plus faire de la conscience le point de départ de la connaissance, car je suis en fait ce que l'impensé par lequel je pense fait de moi, et j'ignore, *a priori*, ce qui me fait penser.

## Le refus de l'histoire officielle et de ses vérités

La philosophie change de fonction et de statut. Il ne s'agit plus de fonder des vérités éternelles ou de trouver un sens à la vie, mais de comprendre ce qui fait penser et vivre les hommes. Changement de perspectives, donc, puisqu'une société ne dit jamais clairement ce qu'elle fait là où on croit qu'elle le dit. La plupart du temps, les hommes ne sont pas conscients des lieux de pouvoir\* qui légitiment, en fait, leurs actions et leurs discours. Au lieu de parcourir l'histoire « officielle », Foucault se passionne, par exemple, pour les archives de la Bastille (*voir* pp. 50-51). Il faut se détourner des chemins les plus évidents des intentions humaines pour découvrir leurs soubassements. Le langage humain est constitué d'« énoncés » qui sont à la base de nos paroles, sans unité ou sens historique. L'étude archéologique valorise les structures objectives davantage que les projets individuels, les « intentions » collectives. Quoi que les hommes puissent prétendre, ce qui compte aux yeux du philosophe, c'est ce qu'ils font vraiment.

### L'Archéologie du savoir

*L'Archéologie du savoir* paraît en 1969. Tout en prolongeant les thèses des *Mots et les Choses*, l'ouvrage précise les enjeux de la méthode, prend quelque distance avec le structuralisme\* « officiel » alors très à la mode, et assume les évolutions nécessaires à sa propre pensée. Contre les marxistes\*, Foucault considère que les contradictions socio-économiques ne font pas forcément le « sens de l'histoire ».

Foucault bouscule nos habitudes, nos manières de voir et de connaître. La mise en perspective archéologique aplanit et relativise nos références à tel point que l'histoire humaine perd son « sens ». C'est pourtant sur cette idée que s'était fondé le marxisme, autre grand modèle pour la pensée contestataire des années 1960-1970.

# Foucault et le structuralisme

**Tout en l'ayant récusé, Foucault a constitué la figure dominante du courant structuraliste en philosophie. La découverte de structures déterminant l'homme malgré lui met directement en cause les bases de l'humanisme sous toutes ses formes, y compris sartrienne. C'est une sorte de guerre intellectuelle qui commence.**

**Qu'est-ce qu'une structure ? L'exemple du jeu de cartes**

Ce qui fait la valeur d'une carte ne vient pas de sa réalité matérielle. On ne peut pas comprendre ce qu'est une reine de cœur en expliquant ce qu'est une « reine » et un « cœur ». Le sens de ces symboles, c'est l'ensemble des traits qui les opposent aux autres cartes. C'est donc le tout qui définit les parties, celles-ci n'ont de valeur qu'opposées entre elles. Ce qui compte, ce sont les relations d'opposition, de différence. Le langage, comme le jeu de cartes, est un système de différences, une structure.

## Les raisons d'une polémique

C'est sans doute le thème de « la mort de l'homme* » qui provoque les réactions les plus virulentes des humanistes* et des marxistes*. Foucault privilégie à tel point l'étude objective des systèmes qui conditionnent nos pensées et nos actes, que les penseurs engagés à droite, et surtout à gauche, sont déroutés, sceptiques. Le réalisme des structures impose une autre manière de faire de la science et de la philosophie. La mode structuraliste* s'est reconnue en Foucault, jusqu'à vouloir, contre son avis, en faire son porte-parole. Tous les domaines de la pensée sont influencés par le structuralisme : l'ethnologie (avec Claude Lévi-Strauss), le marxisme (avec Louis Althusser), la psychanalyse* (avec Jacques Lacan), la littérature (avec Roland Barthes). Pourtant, Foucault prend ses distances, tant avec le gauchisme « pur et dur » qu'avec le structuralisme « orthodoxe ».

## L'anticommunisme structuraliste

Issu de penseurs venus des pays de l'Est, de la linguistique de Jakobson et de la pensée mathématique, le structuralisme a très tôt rencontré l'hostilité des staliniens. Sur le fond, l'étude des structures ne s'oppose pas aux principes du marxisme. Althusser, autre figure du structuralisme, est marxiste. Mais la « lutte des classes » et le « matérialisme historique »

la jeunesse    raison et folie    structuralisme

deviennent des outils descriptifs, non des lois de l'histoire immuables. D'ailleurs, avec le structuralisme, l'histoire ne peut pas vraiment avoir de sens (volontaire), juste des significations isolées.

## Qu'est-ce donc que le « structuralisme » ?

Le « structuralisme » a révolutionné la philosophie et tous les domaines du savoir. Toute la réalité (physique, psychologique) est régie par des lois de compositions internes, des interactions, des jeux d'oppositions involontaires. Tout est langage, tout est structuré, ordonné indépendamment de notre volonté, de notre conscience. La société elle-même ne se constitue pas et ne fonctionne pas selon des « fondements » volontaires, qu'ils soient moraux ou juridiques, mais à partir de règles échappant pour une large part à la conscience. La découverte des structures régissant l'action et la pensée humaines constitue le point de départ du structuralisme.

## L'adhésion puis le refus

Foucault fut assez vite considéré comme le « pape » du structuralisme. Dans les faits, il en fut d'abord un représentant, le plus célèbre, certes, surtout après la parution des *Mots et les Choses*, mais non son inventeur. La puissance de ses analyses en fait malgré lui un leader contre lequel les critiques ont à se déterminer, Sartre en tête. Foucault récuse l'étiquette de « structuraliste ». Son travail de mise en perspective archéologique\* du savoir issu des sciences humaines lui donne une grande indépendance théorique. Malgré ses dénégations, il fut considéré comme structuraliste, y compris par les spécialistes, les biographes et de nombreux penseurs qui furent ses amis, comme le philosophe français Gilles Deleuze.

En relativisant l'importance de la conscience, de la volonté, de l'indépendance des projets humains au profit des « structures », Foucault démystifie l'histoire, au point que les philosophes engagés, pour qui la conscience décide toujours, ou les marxistes, qui prônent la libération par la révolution, se sentent directement mis en cause.

# Foucault-Sartre, une rencontre manquée

**La sortie du livre *Les Mots et les Choses* (1966) provoque des réactions où se mêlent souvent hostilité et admiration. Sartre, dont la philosophie est remise en cause par les thèses de Foucault, le critique ouvertement.**

**Philosophie du concept, philosophie du vécu**

Foucault se situe dans la lignée des philosophes des sciences, Sartre dans l'existentialisme et le marxisme critique, pour lequel le vécu peut se comprendre, non s'expliquer par des lois objectives. Sartre croit en la liberté, Foucault dans des « structures objectives ». C'est le point de départ de leur opposition.

## Le « sujet » contre les « structures »

*Les Mots et les Choses* constituent un événement culturel. Provoquant des réactions multiples allant de l'incompréhension à l'admiration en passant par le rejet pur et simple, l'ouvrage met en question certaines données de l'existentialisme*. Beaucoup refusent d'admettre, au nom de la liberté, que l'homme puisse être entièrement déterminé par des structures. La négation du sens de l'histoire heurte le projet de Jean-Paul Sartre (1905-1980), qui tente de concilier le marxisme* et l'existentialisme. Il faut dire qu'en faisant de l'histoire un mythe, Foucault désacralise l'unité, la totalité, la croyance dans la valeur explicative de la « lutte des classes ». Foucault, qui a quitté le PCF en 1954, a depuis longtemps pris ses distances à l'égard du communisme. Sartre rejette le perspectivisme et le structuralisme* du philosophe qu'il considère comme étant malgré lui l'allié de la bourgeoisie : « *Le succès de son livre prouve assez qu'on l'attendait [...]. Derrière l'histoire, bien entendu, c'est le marxisme qui est visé. Il s'agit de constituer une idéologie nouvelle, le dernier barrage que la bourgeoisie puisse encore dresser*

### Changement de cap : « *diagnostiquer le présent* »

En abandonnant la réflexion sur le sens de la vie, le philosophe change quasiment de métier. Son rôle est de « *diagnostiquer le présent* », de décrire d'où l'on vient, ce qui nous fait penser et agir, non ce qu'il faut faire. *Exit* les valeurs et les vérités éternelles ! Foucault refuse ce qu'il nomme « *les politiques de la docte ignorance* », l'engagement mal fondé, ou ignorant ses propres conditions.

la jeunesse | raison et folie | structuralisme

*contre Marx.* [...] *Je ne suis nullement hostile au structuralisme quand le structuraliste reste conscient des
limites de sa méthode.* » (*L'Arc,* Entretiens avec Bernard
Pingaud, 1966.)

## Foucault, un « rempart » ?

En mettant en cause le sens de l'histoire, l'importance de la conscience, Foucault renverse d'abord
l'ordre d'influence chez les intellectuels. La domination de Sartre se trouve pour la première fois réelle-
ment mise à mal. Le marxisme de Sartre, pourtant
profondément marqué par une philosophie de la
liberté, apparaît dépassé. C'est l'étude des « structures »,
des « systèmes » sans sujet qui prime. L'influence de
Foucault heurte profondément et directement les
tenants de l'engagement fondé sur les philosophies
de la conscience, l'expérience tragique de la condition humaine et son dépassement dans et par la
politique. Cette fois, la violente polémique tourne à
l'avantage du jeune penseur. Michel Foucault doit
néanmoins se défendre contre les attaques considérant que sa théorie conduit à une sorte d'éclatement,
d'impossibilité de rendre intelligible l'évolution des
sociétés et en particulier les projets révolutionnaires.
Ceux-ci supposent toujours des sujets suffisamment
libres pour penser par eux-mêmes, indépendamment des structures : comment expliquer autrement
l'évolution des sociétés ?

## Théorie et pratique

Philosophiquement, Sartre et Foucault s'opposent.
Dans la pratique, ils se retrouvent à de nombreuses
reprises pour dénoncer les injustices, ils soutiennent
l'un et l'autre le mouvement de mai 68. On les retrouve
côte à côte en 1972 lors d'une manifestation en faveur
des immigrés. Si l'humanisme* de Sartre paraît idéa-
liste aux yeux de Foucault, le refus de l'arbitraire du
pouvoir* rapproche les deux plus grandes figures
du paysage intellectuel français à cette époque.

Foucault
met en cause
la philosophie
de l'histoire
de Sartre fondée
sur la liberté
humaine
et le sens qu'elle
produit. La thèse
de la « mort
de l'homme* »
heurte
directement
Sartre, qui
considère
*Les Mots et
les Choses* comme
une œuvre
réactionnaire.
La polémique
n'empêche pas
les deux
philosophes
de se retrouver
pour combattre
le racisme,
les injustices.

# La fin des années 1960 :
# l'engagement, la politique

**L'atmosphère de contestation radicale de la fin des années 1960 a fait connaître Foucault sur le plan politique. Pourtant, le « Foucault » d'avant 68 est moins contestataire qu'on pourrait le croire. C'est l'expérience politique de la Tunisie puis de l'université bouillonnante de Vincennes qui va le plonger dans le grand bain de l'engagement.**

« De mon passage au Parti communiste, de ce que j'avais pu voir en Allemagne, de la manière dont les choses s'étaient déroulées pour moi, quand j'étais rentré en France, par rapport aux problèmes que j'avais voulu poser à propos de la psychiatrie..., de tout cela, j'avais gardé une expérience politique un peu amère, un peu de scepticisme spéculatif, je ne le cache pas... Là, en Tunisie, j'ai été amené à apporter une aide concrète aux étudiants [...]. J'ai dû en quelque sorte entrer dans le débat politique. » Foucault cité par Didier Éribon, *Michel Foucault*, 1989.

## Un philosophe de la contestation

La décolonisation, la critique du totalitarisme soviétique au XXᵉ congrès du PCUS sous la houlette de Khrouchtchev, puis l'invasion de la Tchécoslovaquie le 21 août 1968, l'explosion du féminisme qui aboutira à la création du MLF : tout cela peut expliquer l'atmosphère insurrectionnelle de mai 68, et le succès retentissant des analyses de Foucault sur les mécanismes de pouvoir*. Le courant antipsychiatrique venu des pays anglo-saxons (sous l'influence de Laing et Cooper), relayé en Italie, puis la critique de la psychanalyse* et de son « familialisme* » par Gilles Deleuze et Félix Guattari (*voir* pp. 48-49) se reconnaissent également dans le travail de sape de Foucault. L'efficacité impressionnante de ses interprétations de la folie, de l'emprisonnement, du savoir et du pouvoir en fait, souvent malgré lui, un porte-parole de la culture contestataire.

## De mai 68 à l'insurrection de Vincennes

Professeur « détaché » en Tunisie depuis septembre 1966, Foucault passe deux années à travailler au soleil... et à l'ombre de l'agitation politique qui gagne

la jeunesse | raison et folie | structuralism

l'université de Tunis. La beauté et la sensualité du pays le fascinent. Sa critique du marxisme* étonne ceux qui voient en lui un contestataire. Il prépare à Tunis *L'Archéologie* *du savoir*, l'analyse des règles de formation et de transformation de la pensée. L'hostilité philosophique, certaines jalousies que provoque son succès lui barrent un temps la route de la Sorbonne. Il participe à la création en 1969 de l'université de Vincennes, dont les pratiques déroutent, choquent le petit monde feutré de l'institution, à tel point que le gouvernement fait entrer la police pour arrêter, menacer, faire cesser par tous les moyens l'agitation ambiante. Vincennes a la réputation sulfureuse (et justifiée) d'être un rassemblement de gauchistes. « Bastion rouge » de l'après-68, c'est un lieu expérimental du savoir et de la contestation. Quelques jours après son ouverture, les locaux sont occupés, les CRS interviennent violemment, Foucault réagit lors d'un meeting à la Mutualité à Paris, en compagnie de… Sartre. De grands noms de la philosophie (Jacques Derrida, Alain Badiou, François Châtelet, plus tard Gilles Deleuze) font partie de cette effervescence critique et créatrice.

## Quand Foucault prend le train en marche…

Absent en mai 68, Foucault n'est pas du tout considéré *a priori* par les contestataires comme un leader révolutionnaire. Il est même perçu comme penseur « de droite » à cause de son attachement au structuralisme* mettant en cause la lutte des classes comme la philosophie de Sartre. Il est donc faux de classer Foucault parmi les philosophes qui auraient, avant 68, préparé activement l'insurrection. Sa critique du système est, en quelque sorte, plus radicale, plus profonde qu'un simple engagement de circonstance. Foucault prend le train de la politique « en marche », notamment après son expérience mouvementée de Vincennes.

**Tunis, juin 1967**

**La déroute des armées arabes face à Israël lors de la guerre des Six Jours provoque une flambée de violence à Tunis. Dégoûté par l'antisémitisme, Foucault assiste au développement du gauchisme, durement réprimé par le président Bourguiba. Il s'engage alors contre ce pouvoir, en vain.**

La contestation de l'ordre établi influence Foucault tardivement. Anticommuniste, il est proche de l'extrême gauche, il soutient la révolte tunisienne, puis participe à l'université la plus libre que la France ait connue au XXe siècle : Vincennes.

# Foucault et Nietzsche

Nietzsche est le penseur qui a le plus influencé Foucault. Le philosophe allemand qui concevait « *la philosophie à coups de marteau* » détruit toutes les normes habituelles de la morale, de la science, de la philosophie. Mal compris, il prône une esthétique de l'existence et une valorisation libre de la vie.

## Une rencontre décisive

Parmi les trois penseurs ayant marqué le XXe siècle par leur critique du rationalisme issu des Lumières, Marx, Freud, Nietzsche, c'est le dernier qui influence directement Foucault. Le penseur français découvre, à Normale sup, son travail de relativisation historique des normes*, des valeurs, des vérités, de l'histoire et surtout des mécanismes d'exclusion qui font de lui *le* critique providentiel de la rationalité et de l'ordre établis. Foucault est fasciné par le génie de Nietzsche, qui, à la fin du XIXe siècle, « dynamite » tous les idéaux de la science et de la religion. Il lui emprunte une manière de considérer les discours et les pratiques humaines comme des « symptômes » et des « stratégies » (des outils), ce qui le conduit à la méthode généalogique. En quoi consiste-t-elle ? À expliquer l'origine de nos croyances, à retracer le parcours et les conditions d'apparition de nos valeurs : celles-ci deviennent relatives, elles perdent tout caractère « sacré ». La mise en perspective généalogique tend à détruire le monde des idéaux.

## Généalogie de la morale et analyse du pouvoir*

En rejetant la croyance aux valeurs et aux vérités extérieures à la vie comme des illusions néfastes,

Friedrich Nietzsche (1844-1900)

« *Proclamons-la cette nouvelle exigence : il nous faut une critique des valeurs morales, à commencer par mettre en question la valeur de ces valeurs – pour ce faire est nécessaire la connaissance des conditions et des circonstances dans lesquelles elles se sont produites et développées.* » Nietzsche, *La Généalogie de la morale*, 1887.

la jeunesse  raison et folie  structuralism

Nietzsche vise la lassitude de vivre, la haine du corps et de la vitalité qui se cachent derrière toute morale. Il considère donc que les thèses des moralistes ne sont que des symptômes d'une inadaptation à la vie, d'où son rejet des normes, et sa manière de relativiser les prétentions éthiques* en les ramenant à

des motifs inavouables ou inconscients. La généalogie* est cette méthode consistant à décrire les soubassements des grandes théories morales, pour ramener les valeurs à leurs conditions historiques, à leur « genèse » réelle. Du même coup, le philosophe n'a plus à « fonder » la morale, il doit au contraire dénoncer les illusions admises comme vérités, il doit démystifier. Foucault va faire sienne cette méthode philosophique.

## Le dévoilement du ressentiment

*La Généalogie de la morale*, publiée par Nietzsche en 1887, dévoile les raisons cachées de la morale. Le penseur allemand montre notamment comment la haine des forts, érigée en vertu, s'acharne à détruire les originalités propres à la vie, qui seule peut créer du nouveau. Ce mensonge serait la source non dite de la morale établie. Là encore, Nietzsche influence Foucault. Les hommes ne disent jamais clairement les vraies raisons de leurs pratiques, de leurs idéaux. Seule une méthode « généalogique » est à même d'en dévoiler les mécanismes. Foucault élabore, par exemple, non seulement une analyse du contenu du discours, une « archéologie* », mais également celle des conditions de tout ce qu'implique le langage : des institutions, des pratiques. La « généalogie » met donc en cause, au-delà des théories morales, l'activité concrète qui s'y attache.

Foucault emprunte à Nietzsche le vocabulaire et les intuitions de sa méthode archéologique, puis généalogique. Comme lui, il met en question l'indépendance des valeurs morales et dévoile les stratégies qui se cachent derrière les normes apparemment les plus nobles.

# La prison condamnée : *Surveiller et punir*

**En 1975, Foucault publie *Surveiller et punir*, une analyse à la fois historique et structurale de la prison qui met au jour l'arbitraire de l'enfermement, ses règles de fonctionnement et ses relations nécessaires et cachées avec le savoir scientifique.**

## Un livre de tableaux

Dans *Surveiller et punir*, Foucault peint des tableaux historiques réels et épouvantables, décrit les supplices infligés à Damiens (condamné à être écartelé en 1757 pour avoir frappé Louis XV) avec leurs atroces ratés, les absurdes cortèges d'horreur publique, le quadrillage des pestiférés, le pouvoir* sur les corps exercé dans toute sa visibilité. La justice teste la résistance aux accusations, tous les sujets étant *a priori* considérés comme coupables. Ce qui choque le lecteur, c'est d'abord l'énormité de la souffrance infligée au nom de cette « justice » si visible et si inhumaine. Le pouvoir s'exerce donc avant tout sur le corps de ses sujets. Le condamné, le « patient », sur lequel pèsent des charges plus ou moins fondées, doit survivre à la torture. Les supplices ne sont pas laissés à l'arbitraire des bourreaux, mais codifiés, ordonnés selon une économie de la peine et d'une vérité relative à l'aveu. On se presse pour voir le spectacle de la soumission des corps suppliciés, du pardon crié, extorqué au nom de la religion.

## La rupture : l'enfermement

Brutalement, le pouvoir isole les individus du reste de la société. L'invention de la prison comme institution dans la première moitié du XVIIIᵉ siècle n'a rien de « naturel », elle s'inscrit dans une logique de

la jeunesse | raison et folie | structuralisn

rupture. Ce n'est plus de manière visible, sur le corps seul, que le pouvoir va désormais s'exercer. Il doit atteindre l'âme des sujets, rééduquer par la punition, punir par la rééducation. Le « grand renfermement » de 1 Parisien sur 100 (!) au XVIIIe siècle participe à cette nouvelle stratégie. On avait longtemps cru, avant Foucault, que la disparition de la torture au profit de l'enfermement était due à notre « humanisme* ». On s'était trompé. C'est un autre pouvoir qui avait pris le relais. L'aspect correctif de la punition était mis en avant, et avec lui une nouvelle période commence : l'âge de l'examen. L'enquête et l'aveu remplacent l'épreuve sur les corps (torture) pour atteindre la vérité, une société disciplinaire* apparaît, et la justice se sert de la science pour punir de manière « légitime ».

## L'échec des prisons

En expliquant la logique de l'enfermement, Foucault nous fait comprendre que tous les « échecs » de la prison participent au triste destin d'une société qui produit des règlements et de l'arbitraire, des techniques destinées à surveiller les conduites, à prévoir les comportements en les maîtrisant à travers l'école, l'hôpital, l'usine, la prison. En quelque sorte, le pouvoir a changé de forme et d'exercice, en abandonnant la torture pour des formes plus « acceptables », moins inhumaines en apparence, mais pour des raisons qui n'ont rien d'« humaniste ».

> « *Le suspect, en tant que tel, méritait toujours un certain châtiment ; on ne pouvait pas être innocemment l'objet d'une suspicion. [...] La torture judiciaire, au XVIIIe siècle, fonctionne dans cette étrange économie où le rituel qui produit la vérité va de pair avec le rituel qui impose la punition. Le corps interrogé dans le supplice constitue le point d'application du châtiment et le lieu d'extorsion de la vérité.* »
> Foucault, *Surveiller et punir*, 1975.

La puissante analyse du philosophe permet de comprendre les mécanismes de l'histoire de la surveillance des hommes, de ces punitions infligées au nom d'une justice qui apparaît moins « juste » qu'elle ne le dit. La prison est la forme la plus humaine et la plus terrible de ce pouvoir de surveillance et de punition.

# L'art de la surveillance

**Le livre qui condamne le plus directement une institution concrétisant un pouvoir d'enfermement est _Surveiller et punir_, dont toutes les descriptions montrent à la fois le caractère purement relatif des peines choisies et l'illusion d'une humanisation, qui s'avère être, en réalité, une surveillance plus savante des conduites humaines.**

Qu'est-ce que le _panopticon_ ? Véritable plan idéal de surveillance des hommes, le panoptique est inventé par Bentham qui fonde ainsi une sorte d'architecture matérielle du pouvoir qui s'exerce à distance sur ses sujets, sans violence, à leur insu, mais de manière continue par la visibilité. La géographie des prisons, des casernes comporte au centre une tour d'où l'on voit toutes les pièces du bâtiment extérieur qui entoure cette tour comme un anneau. Le plan de la prison de la Petite Roquette (1826-1836) obéit à cette conception.

## Illégalité, inégalité

Foucault montre comment le système des lois tend toujours à distinguer les délits et les peines en fonction de l'origine sociale du délinquant. Les infractions sur les biens sont immédiatement et sévèrement punies. Elles relèvent du droit à la propriété privée qui, par définition, tend à protéger... ceux qui sont déjà propriétaires ! Les illégalismes* relevant des détournements de fonds, des infractions financières exigent des procédures lourdes, longues, des tribunaux spécialisés. Le philosophe constate une dérive d'une criminalité de sang à une criminalité de fraude à la fin du XVIIIe siècle. Le partage des illégalismes n'est pas, pour Michel Foucault, une conséquence secondaire et malheureuse. C'est, en quelque sorte, une injustice produite par la justice.

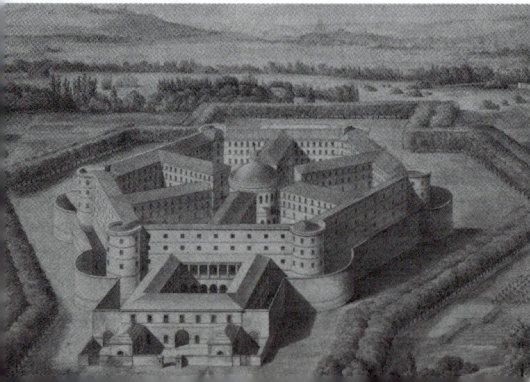

## Le panoptisme

Entre le XVIIIe et le XIXe siècle, le pouvoir* se transforme concrètement, l'organisation de l'espace change, au point de devenir une gestion des corps, une sorte de police des conduites. Par exemple, à la fin du XVIIe s., on quadrillait les quartiers pestiférés tandis qu'au XIXe s. les pénitenciers incarnent un art froid et nouveau de punir et de surveiller sans être vu. Prévoir, mesurer, interdire : la surveillance devient un « art » en lui-même, exigeant un savoir et des techniques appropriées, applicables dans les écoles, les hôpitaux, les usines, les prisons. Voir, partout, sans être vu, pour contrôler les faits et gestes : tel est le sens du terrible « panoptique* », modèle hérité du philosophe de l'utilitarisme, Jeremy Bentham (1748-1832), et utilisé partout où la surveillance est un modèle du pouvoir. Le pouvoir le plus moderne, le plus efficace, le plus « moral » en apparence, est aussi le moins violent, puisque nul rapport de force physique n'est nécessaire pour qu'il puisse s'exercer. Il faut et il suffit que les sujets, patients ou criminels, soient sûrs d'être surveillés en permanence, et potentiellement punissables. On voit ici l'interaction savoir-pouvoir : le savoir vient conforter, justifier le pouvoir et, ce faisant, le savoir devient pouvoir. À ce niveau, l'idéal de justice paraît bien lointain. L'art de la surveillance apparaît comme la voie la plus « moderne » du pouvoir.

### Surveiller et punir : un diagnostic édifiant

Il n'y a plus grand-chose à espérer d'un système dans lequel l'humanisation n'est qu'une apparence au service de la surveillance. La justice à plusieurs vitesses et les lois semblent faites en fonction de ceux à qui elles sont censées s'adresser. Le diagnostic de Surveiller et punir est si terrible que le livre s'achève sur des pages teintées d'anarchisme pessimiste. Derrière l'institution judiciaire et pénale, Foucault vise le pouvoir de normalisation fantastique et silencieux qui s'exerce sur les hommes sous couvert de leur hypothétique « rééducation ». L'évolution de la justice pénale tend certes à rationaliser la punition, mais au profit d'une technique pénitentiaire dont la prison constitue, malgré son échec, le terrain d'exercice privilégié.

« La réforme du droit criminel doit être lue comme une stratégie pour le réaménagement du pouvoir de punir, selon des modalités qui le rendent plus régulier, plus efficace, plus constant et mieux détaillé dans ses effets [...]. La nouvelle théorie juridique de la pénalité recouvre en fait une nouvelle "économie politique" du pouvoir de punir. » Foucault, Surveiller et punir, 1975.

Le philosophe ne se contente pas de faire l'histoire de la prison, il dévoile tous les mécanismes au service d'une surveillance accrue des hommes. Son diagnostic sur les prisons est réaliste et pessimiste.

# « L'humanisation des peines »

**Dans *Surveiller et punir*, Foucault se livre à une description originale des mécanismes servant à légitimer, à justifier le pouvoir de punir : recours à des « réformes humanistes\* » issues de la Révolution et au savoir scientifique sur l'homme.**

## La « thèse »

La science n'intervient pas seulement, comme on le croit souvent, pour « alléger » ou « humaniser » les peines. S'il lui arrive d'intervenir dans ce sens, c'est afin de servir plus efficacement le système de normes\* au pouvoir\*. Foucault insiste sur trois points :

• la place et l'importance de la science au sein du processus pénal s'accroissent en même temps qu'apparaît « l'humanisation des peines » ;

• les éléments extrajuridiques, et notamment les sciences de l'homme, sont intégrés en tant qu'éléments indépendants, extérieurs et libres, afin de constituer des fondements au pouvoir de punir ;

• ce pouvoir de punir, ainsi légitimé par le savoir, reproduit, dans le champ de la pénalité, les normes en place. Le « châtiment » se présente comme une mesure de « guérison ».

> « Et la pratique, générale aux assises, étendue parfois à la correctionnelle, de l'expertise psychiatrique fait que la sentence, même si elle est toujours formulée en termes de sanction légale, implique, plus ou moins obscurément, des jugements de normalité, des assignations de causalité [...]. Au lieu que la folie efface le crime au sens premier de l'article 64, tout crime maintenant et, à la limite, toute infraction portent en soi [...] l'hypothèse de la folie, en tout cas de l'anomalie. »
> Foucault, *Surveiller et punir*, 1975.

## L'illustration : le statut de la folie dans le droit pénal

Dans le chapitre de *Surveiller et punir* « Le corps des condamnés », Foucault considère la manière dont la folie a évolué dans la pratique pénale. L'article 64 du Code 1810 considère qu'« *il n'y a ni crime ni délit, si l'infracteur était en état de*

la jeunesse | raison et folie | structuralis

démence au moment de l'acte ». Le diagnostic de « folie » excluait *a priori* toute procédure pénale, et donc toute sentence : l'idée même de punir un fou était absurde. Passant outre « *plusieurs arrêts de la Cour de cassation rappelant que l'état de folie ne pouvait entraîner ni une peine modérée, ni même un acquittement, mais un non-lieu* » pur et simple, les tribunaux du XIXe siècle « *ont admis qu'on pouvait être coupable et fou ; d'autant moins coupable qu'on était un peu plus fou ; coupable certes, mais à enfermer et à soigner plutôt qu'à punir, coupable dangereux puisque manifestement malade* ».

## Et l'humanisme ?

Cette absurdité juridique du point de vue du Code pénal aurait pu disparaître grâce aux découvertes des sciences de l'homme. C'est là que Foucault constate un autre fait. En 1832, une réforme introduit la notion de « circonstances atténuantes » dans la procédure pénale. Apparemment, il s'agit de prendre en compte les données des sciences humaines et en particulier de la psychiatrie pour moduler les peines, sinon les alléger, tout au moins les « humaniser », puisque l'Occident se targue d'avoir fait disparaître la torture. Dans les faits, cette « humanisation » permet tout simplement de condamner des gens qui, selon le principe de 1810, auraient été considérés en tant que fous comme ne pouvant être jugés. Les juristes peuvent se tourner du côté des psychiatres : au lieu d'avoir libéré le malade de la punition, la psychiatrie a permis sa condamnation, en donnant un vernis de légitimité scientifique au pouvoir de punir. Les 150 années qui ont suivi l'intégration des « circonstances atténuantes » montrent que la justice et la médecine, par leur indépendance, tendent à se légitimer mutuellement dans le pouvoir, en se renvoyant l'épineux problème, toujours non réglé, de la responsabilité. Au pouvoir judiciaire s'ajoute désormais le pouvoir médical : le pouvoir de punir-guérir apparaît.

Foucault analyse le pouvoir judiciaire pénal et ses liens avec le pouvoir psychiatrique et montre comment la science a intégré la folie à une logique de punition, au lieu d'en rester à l'évidence : un fou ne peut, par définition, être jugé. Cette analyse démystifie l'indépendance de la médecine à l'égard de la morale, de la justice à l'égard des « expertises psychiatriques ».

# L'antijuridisme

**Foucault critique radicalement le système judiciaire qui exerce malgré lui un pouvoir sur les sujets. Cette critique du droit n'empêche pas le philosophe de défendre les individus concrètement, précisément au nom du droit.**

## Une critique radicale du droit...

Les inégalités devant le pouvoir* judiciaire ne sont pas seulement accidentelles. Elles relèvent de la structure même de ce pouvoir selon Foucault. Il appelle « justice différentielle » l'institution qui reproduit malgré elle (en partie malgré la bonne volonté indiscutable des magistrats qui la servent) des inégalités de traitement face à la loi. L'institution différencie les manières de contourner la loi, et cette manière de contourner le droit est établie par le droit lui-même. Le système punitif varie non seulement en fonction de l'origine sociale, mais aussi du type d'infraction commise. Pire encore, la prison ne « corrige » rien, mais reproduit la délinquance, la criminalité, au point que Foucault, dans ses années les plus critiques envers le droit (1970-1975), soupçonne la prison d'exister... pour produire des criminels ! Il est difficile de pousser davantage le soupçon : la loi puis l'institution pénale fabriqueraient, inconsciemment, de la criminalité...

### Les colonies pénitentiaires

Foucault décrit précisément le processus de normalisation, le pouvoir de punir et de guérir à l'œuvre dans les colonies pénitentiaires pour enfants apparues à Mettray en janvier 1840. « *On a vu que la prison transformait, dans la justice pénale, la procédure punitive en technique pénitentiaire ; l'archipel carcéral, lui, transporte cette technique de l'institution pénale au corps social tout entier.* »
Foucault, *Surveiller et punir*, 1975.

la jeunesse    raison et folie    structuralis

## ... mais une défense des droits individuels

Tout en critiquant radicalement les institutions judiciaires pénales, Foucault défend avec courage les individus aux prises avec les injustices produites par le système. Ce qu'il appelle les « micro-pouvoirs » sont des pôles de résistance active, qu'il s'agit de sauver et de développer partout où cela est nécessaire, c'est-à-dire partout où la machine judiciaire est susceptible de relayer les injustices politiques, économiques. D'un côté, le philosophe dénonce le droit qui paraît reposer sur des contradictions inhérentes à ses « structures ». De l'autre, il défend bien des individus au nom du droit. Comment est-ce possible ?

## L'invention de « l'intellectuel spécifique »

Après Sartre, et contre lui, Foucault considère comme impossible et dépassée l'image du philosophe « total », qui pouvait juger de tout à partir d'un système global. Plus modeste car limité, le champ d'action de l'intellectuel selon Foucault doit se restreindre à des luttes spécifiques, au cas par cas, et abandonner la prétention à tout comprendre, à tout interpréter, et surtout à se prononcer sur le sens de la vie. C'est au nom de cette spécificité que Foucault considère le droit comme un outil de résistance indispensable, malgré ses insuffisances, et parfois ses « injustices ». Ce qui peut paraître comme contradictoire, à savoir critiquer le droit au nom du droit, n'est peut-être que la seule manière de faire progresser celui-ci, de le faire changer en profondeur. Il n'y a rien de plus injuste qu'une justice qui perdrait de vue ce qui est sa raison d'être, l'idéal de justice. Pour autant, le radicalisme de Foucault ne peut se comprendre que par l'effort constant qui fut le sien de prolonger la critique théorique du système par l'engagement auprès de ses exclus. On peut y voir une exigence éthique* aussi radicale que l'aspect purement négatif de la critique.

**Le droit des gouvernés**

Malgré cet antijuridisme radical, Foucault défend les droits élémentaires des gouvernés, « *le droit à vivre, à être libre, à partir, à n'être pas persécuté, bref [...] la légitime défense à l'égard des gouvernants* ». Foucault, *Dits et écrits*, 1977.

La contestation théorique du droit comme étant fondamentalement injuste et inégalitaire prend sa source dans une analyse historique du pouvoir de punir. Malgré cette vision critique, Foucault défend, en même temps, et courageusement, les droits individuels.

# Foucault et la politique : le libéralisme

Foucault analyse l'art du pouvoir propre aux sociétés modernes libérales comme un art de contrôle et de gestion des conduites à distance pour accroître la productivité économique. La maîtrise du vivant par le savoir au service de l'économie caractérise cet art moderne de gouverner les conduites humaines.

## Position du problème

L'analyse critique du pouvoir* comprend une mise en cause du rôle de l'État sous toutes ses formes : l'éducation, la médecine, la santé publique, la justice... Parallèlement, les institutions comme telles ne sortent pas indemnes du « rouleau compresseur » que constitue la relativisation historique des normes*. La tentation est grande de ne voir de solution que dans les « individus ». Critiquer la mainmise savante du pouvoir étatique, institutionnel peut conduire à refuser l'État, ou au moins à considérer que l'État doit abandonner l'idéal de protection et de sécurité des individus, dans la mesure où cela favorise leur surveillance. La déconstruction des pouvoirs, des stratégies à l'œuvre dans la morale et la science ne semble conduire qu'à une sorte de « laisser-faire », une absence de l'État dans les conduites humaines. Bien plus, l'anticommunisme de Foucault (datant des années 1960) ne laisse pas une grande place aux mouvements de masse, encore moins à une « révolution » à laquelle le philosophe ne croit guère. Malgré cela, Foucault n'adhère pas pour autant à la solution « libérale », c'est-à-dire à la limitation du rôle de l'État pour satisfaire la production économique.

## Les idées et les faits

L'archéologie* du savoir et la généalogie* des normes théoriques et pratiques ne laissent guère d'espoir dans

---

**« Sécurité, territoire, population »**

Dans son cours de 1978 au Collège de France, Foucault étudie la genèse, au XVIIIe siècle, des sociétés de contrôle des populations (démographie). La discipline est appliquée aux groupes, voire aux sociétés tout entières, afin de maximiser leur productivité économique. Le bio-pouvoir définit le libéralisme, non comme une absence pure et simple de l'État, mais comme un art du « laisser-faire », une gestion à distance des vies au service de l'économie.

---

la jeunesse    raison et folie    structuralis

un quelconque pouvoir politique étatique. Pour autant, l'engagement de Foucault auprès de multiples pôles de résistance (les « micro-pouvoirs », dont le Groupe d'information sur les prisons, un mouvement d'information et de contestation de l'ordre carcéral, fondé en 1971) le prouve : il subsiste une autonomie réelle de la pensée et de l'action au profit de la justice, et il est impossible de « récupérer » la philosophie de Foucault au profit d'une apologie du libéralisme économique. La critique du pouvoir politique n'engendre pas une croyance dans le seul jeu des forces économiques.

Les intellectuels doivent-ils s'engager ? C'est à partir de la fin des années 1960 que Foucault s'implique activement dans la lutte contre les injustices et l'arbitraire du pouvoir, en participant notamment au GIP.

## Libéralisme et art de gouverner

La discipline s'exerce par un dressage des corps et un contrôle des âmes *via* les sciences de l'homme (psychologie, psychiatrie) et institue, par le moyen des éducateurs de toutes sortes, le règne du « normatif », autrement dit le partage normal-pathologique imposé à l'ensemble des conduites humaines. L'autolimitation du pouvoir s'effectue par la loi. Parallèlement à la « discipline » qui s'exerce sur les individus, le « bio-pouvoir* », concept datant de 1976 et développé en 1978, consacre le libéralisme comme système de liberté surveillée, de contrôle de la vie dans l'économie politique. La gouvernementalité* consiste à gérer les naissances et les morts, à prévoir et à contrôler les ressources humaines pour une meilleure productivité. Cet « art du contrôle » prend en compte la gestion des populations : la « bio-politique » est née.

En limitant les interventions de l'État au strict minimum, le libéralisme apparaît comme un système rationnel et moderne de gouvernement que Foucault analyse comme étant un « bio-pouvoir ».

# L'*Histoire de la sexualité* : l'illusion d'une libération

L'archiviste de la culture occidentale qu'est Michel Foucault examine la genèse de la sexualité comme problème mais aussi comme manière de devenir un « sujet », de se constituer une identité.

## L'illusion rétrospective

Contrairement à ce que l'on pense généralement, l'*Histoire de la sexualité* ne décrit pas le processus d'une longue libération qui aurait, par exemple, surmonté l'ignorance et la mainmise de la religion pour aboutir à une liberté de parole et d'expression du désir. *La Volonté de savoir* (1976), le premier tome de l'*Histoire de la sexualité*, montre que la réalité historique est beaucoup plus complexe. Tout d'abord, la sexualité\* ne se définit pas seulement, ni d'abord, par l'interdit. Elle participe à un régime de pouvoir\*, qui, par les contrôles juridiques qu'il exerce, a tout intérêt à la définir, à la présenter comme étant un « danger ». La répression qui s'est exercée sur les corps *via* le contrôle des âmes n'a pas cédé devant une nouvelle morale, plus permissive. La « révolution sexuelle » a, dans les faits, accompagné une nouvelle manière d'opposer le normal et le pathologique, notamment à travers le discours.

## La « sexualité » : un drôle d'objet

Plus qu'une étude comportementale ou physiologique, Foucault décrit l'apparition, à partir du XVIII<sup>e</sup> siècle, d'une « médecine sociale » intégrant la sexualité dans un ensemble de normes\* (santé, alimentation, travail...) définissant les individus, leur aspect normal et social : leur assujettissement. Comment la sexualité est-elle devenue un enjeu à

---

**Le sexe : la précaution et le style**

Les Grecs n'appréhendaient pas la sexualité comme un « mal » mais considéraient que l'excès dans ce domaine entraînait des maladies. Au-delà, la maîtrise de soi, de sa force, garantit celle du plaisir et de la vie. Le sage est maître de lui, c'est ce qui donne du « style » à son existence. Régime physique (plaisirs, alimentation, culture physique) et manière d'être (*askèsis*) participent à une esthétique mettant en valeur non le péché, mais la maîtrise de soi.

la jeunesse  raison et folie  structuralism

la fois de pouvoir et de « sub-jectivation\* », autrement dit de définition de soi ? Contre l'illusion d'une révolution qui nous aurait fait passer d'une société répressive à une société permissive, Foucault démontre au contraire que faire du sexe une question importante, voire un objet de science (médecine, psychologie) ou de politique (libération des mœurs), obéit

> *« La sexualité va devenir cette menace dans toutes les relations sociales, dans tous les rapports d'âge, dans tous les rapports d'individus. C'est là, sur cette ombre, que le pouvoir essaiera d'avoir prise par une législation appropriée et en tout cas générale ; et grâce à une série d'interventions ponctuelles qui seront celles, vraisemblablement, des institutions médicales. Et on aura là tout un régime de contrôle de la sexualité. »*
> **Foucault, « La loi de la pudeur », 1979.**

à un ordre, une injonction de savoir et de faire savoir, de parler du sexe afin de tout savoir sur le sexe. En libérant le sexe par le dévoilement de ses pratiques, on ne fait qu'obéir à cette injonction, on renforce cela même qu'on voulait détruire ! Il faut donc « lire » autrement la sexualité, ses pratiques et ses discours, l'interpréter à partir d'un autre modèle, non juridique (interdit-condamnation).

## L'Usage des plaisirs

Le livre *L'Usage des plaisirs* (1984) étudie la manière dont le comportement sexuel a été interprété par l'Antiquité grecque, sous des formes variées : médecine, philosophie. Foucault met en avant, contrai-rement à une idée reçue, l'austérité alors valorisée par les sages grecs comme l'expression concrète d'une maîtrise de soi. Cette austérité se réalise et se prouve peu à peu, dans la vie, à travers plusieurs types d'ex-périences : le corps, la relation à l'épouse, le rapport aux garçons. C'est à la fois une autre définition de la philosophie et de l'homme que nous offre cette redé-couverte de la Grèce antique, d'un « nouveau monde », d'une autre sexualité. Au-delà de l'aspect historique, le philosophe prend le contre-pied de nombreux pré-jugés qui associent la Grèce à une société uniquement permissive en matière de sexualité. C'est une illusion : les règles étaient seulement différentes.

> Le mythe d'une grande libération sexuelle contemporaine vient du fait que l'on interprète à tort le pouvoir qui s'exerce sur la sexualité à partir d'un modèle juridique. En réalité, la « sexualité » n'est pas le même objet, le même « problème » selon les époques. C'est ce que l'étude sur l'Antiquité nous démontre.

# L'Usage des plaisirs

En montrant ce qui distingue les valeurs et les conduites liées à la sexualité dans les sociétés antiques et modernes, l'analyse de Foucault permet de comprendre et de relativiser tous les problèmes liés à la sexualité dans le monde d'aujourd'hui.

## Guerre et paix du sexe

Dans *L'Usage des plaisirs*, le deuxième tome de l'*Histoire de la sexualité*, le contraste est saisissant entre les valeurs et les pratiques de la sexualité* dans la Grèce antique et notre société moderne. Le pouvoir* moderne est omniprésent, diffus, mais efficace dans sa volonté de contrôler les corps et les esprits. Il y a la représentation du désir, visible, mais Foucault vise, bien au-delà, le désir de répression, la jouissance à force de lois, la jouissance liée à la sanction elle-même, dans le fait de la produire. À l'opposé, la problématique grecque du plaisir apparaît à la fois plus sage et paisible, quand bien même, contrairement aux préjugés, la sexualité n'était en rien « débridée ». Les Grecs ne connaissaient pas le péché originel, la hiérarchie âme-corps n'avait donc pas le même sens dans leur morale. Pour autant, ils ne prônaient pas du tout le relâchement. La recherche grecque du raffinement et de la rareté contredit un certain hédonisme, simple morale du plaisir, qu'on se plaît à leur prêter.

### L'homosexualité

« Les Grecs n'opposaient pas comme deux choix exclusifs, comme deux types de comportements radicalement différents, l'amour de son propre sexe et celui de l'autre [...]. Ce qui opposait un homme tempérant et maître de lui-même à celui qui s'adonnait aux plaisirs était, du point de vue de la morale, beaucoup plus important que ce qui distinguait entre elles les catégories de plaisirs auxquelles on pouvait se consacrer le plus volontiers. »
Foucault, *L'Usage des plaisirs*, 1984.

la jeunesse     raison et folie     structuralisme

## Le corps, l'épouse, les garçons

En étudiant la manière dont les gens appliquent au quotidien, plus ou moins, les prescriptions morales, et la manière dont les individus se construisent à partir de règles, Foucault parvient à ce qu'il appelle un « mode de subjectivation* », autrement dit la matérialisation de l'idéal moral dans une conduite. Pour les Grecs, ce qui compte, c'est moins le contenu de la loi que l'attitude quotidienne qui fait qu'on la respecte ou non dans le rapport au corps, à l'épouse, aux garçons (l'homosexualité étant alors normale). Le dialogue philosophique du *Banquet* de Platon témoigne de cette dimension homosexuelle présente de manière très neutre dans la recherche de la sagesse. Ce n'est pas ce qui compte, au fond, pour être « quelqu'un ». Être ou ne pas être homosexuel n'a alors plus du tout la même importance. L'effort pour exister comme « individu » à travers l'ensemble des prescriptions morales est l'objet de l'*Histoire de la sexualité*. Les types d'« assujettissements », sorte de soumission nous faisant exister comme sujet moral, font apparaître l'austérité comme valeur grecque fondamentale.

## Quelques illustrations

Le fait de nommer « sexuel » des sensations, des pratiques, des désirs divers varie en fonction des cultures. Notre vision des relations physiques est très restrictive, et le terme grec *aphrodisia* (ce qui procure du plaisir) est à peu près intraduisible. Foucault s'intéresse plutôt à la « subjectivation », la manière d'être moral, de se soucier de soi. La « virilité » est d'abord une domination de soi. La force morale désigne un art de se gouverner aussi bien dans les régimes, la « diète », que dans les rapports économiques et quotidiens à la « maisonnée », le mariage, et le rapport aux autres hommes, aux « garçons » que Foucault analyse comme un art de vivre le plaisir, une érotique.

**La *chrèsis aphrodision***

Foucault nomme ainsi la manière dont les Grecs réfléchissaient à leur conduite sexuelle, choisissaient ce qu'il fallait faire ou non. Les termes désignent « l'usage des plaisirs », autrement dit la manière de se réaliser moralement.

> Foucault nous fait découvrir un autre univers concernant la sexualité. La Grèce antique avait non seulement une autre morale, d'autres mœurs, mais une autre philosophie et une autre médecine ; la notion même de « sexualité » était vécue et problématisée autrement.

# L'obligation de l'aveu

**L'obligation de l'aveu constitue un exemple d'analyse du pouvoir lié au langage. Le pouvoir moderne n'est plus dans le silence imposé mais dans l'obligation de parler.**

## Le problème

On peut s'imaginer, à tort, que « l'intimité » est une tendance naturelle et éternelle. Il n'en est rien. Elle est une invention culturelle, où le fait de s'analyser soi-même, de se « regarder » est devenu important. Il a fallu des siècles pour que l'Église catholique parvienne à établir « l'aveu ». Aujourd'hui, après la psychanalyse*, les psychothérapies de groupe, les médias, la société a réussi à faire de l'aveu quelque chose de courant, au point de faire dire librement aux gens ce qui, au Moyen Âge, aurait nécessité l'usage de la torture ! Comment en sommes-nous arrivés là ?

## Le texte

Dans *La Volonté de savoir* (chapitre « *Scientia sexualis* »), Foucault décrit une rupture historique et une illusion philosophique. Historiquement, « l'aveu » était un rituel permettant d'accéder à une « vérité ». Par exemple, le Concile de Latran, en 1215, réglemente l'aveu par les sacrements de « pénitence », suivi des techniques de « confession ». L'aveu et la torture sont encore liés. On assiste à la disparition progressive des « ordalies » ou jugements de Dieu (la résistance au fer rouge indiquant la culpabilité ou l'innocence). Peu à peu, l'aveu, au départ extorqué sous la torture, va devenir « spontané ». On a interprété à tort la disparition de la torture comme étant un « progrès » au profit des techniques d'aveu.

## L'avoué et l'homme « sans aveu »

Au Moyen Âge, le terme « aveu » désigne une déclaration écrite, constatant l'engagement du vassal envers

### Une spontanéité illusoire

La torture provoquait ouvertement l'aveu, le soutenait quand il se dérobait. Foucault compare la torture et l'aveu à de « *noirs jumeaux* ». La prétendue « spontanéité » de l'aveu généralisé, aujourd'hui, n'est qu'un pouvoir exercé par le discours, avec la bénédiction des « avouants » qui se croient ainsi plus libres !

la jeunesse | raison et folie | structuralisme

son seigneur, en échange du fief reçu. Un homme « sans aveu » n'était donc pas lié à un seigneur et restait sans protection. Le sens du terme a changé. Il signifiait avant la garantie d'un statut, d'une identité, d'une certaine valeur. Il devient, peu à peu, une reconnaissance, par quelqu'un, de ses actes, de ses pensées, une manière de se définir par un discours de « vérité » sur soi-même. L'aveu de « vérité » transforme l'image de l'homme. On est « homme » par le pouvoir de « vérité » sur soi-même.

## La généralisation

Foucault décrit la généralisation du modèle de l'aveu dans le monde occidental. On le constate dans les rituels de l'épreuve (les « examens »), la morale, les témoignages de plus en plus importants (l'histoire), les sciences de l'observation et du discours (psychologie). Mais, pire encore, l'aveu est adossé à des techniques censées produire le « vrai » dans la justice, la médecine, la pédagogie, la famille, les relations amoureuses. Littérature autobiographique, philosophie, droit (la conscience de soi révélant notre responsabilité), psychiatrie, psychanalyse : l'aveu est omniprésent. Il devient quotidien, dans des rites solennels ou non. L'homme occidental est devenu une « *bête d'aveu* » : il n'existe que par ce qu'on connaît ou reconnaît de lui.

## Conclusion

On croit la censure pire que l'aveu, il n'en est rien. Foucault décrit les mécanismes de l'aveu à l'œuvre dans les sociétés modernes comme un piège formidable. On est passé d'une interdiction de parler à une obligation de tout dire, d'où un renforcement du pouvoir*. Nous sommes devenus les acteurs d'une société « avouante », avec l'illusion que c'est la vérité qui, d'elle-même, demanderait à apparaître « en plein jour ». Enfin, on croit que cette mise au jour constitue un affranchissement, une libération. Les médias entretiennent cette illusion.

« *On avoue ses crimes, on avoue ses péchés, on avoue ses pensées et ses désirs, on avoue son passé et ses rêves, on avoue son enfance, on avoue ses maladies et ses misères [...] à ses parents, à ses éducateurs, à son médecin, à ceux qu'on aime ; on se fait à soi-même, dans le plaisir et dans la peine, des aveux impossibles à tout autre, et dont on fait des livres.* »
Foucault, *La Volonté de savoir*, 1976.

Foucault détruit le mythe d'une libération par le langage. Celle-ci ne traduit, en fait, qu'une soumission à l'obligation d'exister par l'aveu et de parler sur soi-même.

# Le Collège de France

**Foucault est élu en 1970 au Collège de France, l'institution du savoir par excellence. Pendant plusieurs années, il va, chaque semaine, exposer ses recherches en cours devant une foule hétéroclite et passionnée.**

**Foucault et Aron : deux « collègues »**

Foucault prononce sa leçon inaugurale le 2 décembre 1970, le lendemain de l'accueil de Raymond Aron. Tout les oppose, et beaucoup vont interpréter les deux élections comme une sorte de partage des tâches, une reconnaissance pour deux philosophes, si opposés sur le terrain du savoir et de l'engagement politique, mais devenus « collègues » pour l'occasion.

## La leçon inaugurale

Au Collège de France, Foucault occupe la chaire d'« histoire des systèmes de pensée ». Publiée sous le titre *L'Ordre du discours*, sa leçon inaugurale du 2 décembre 1970 porte sur le discours lui-même, comme production contrôlée, organisée par la société afin d'en suspendre tout caractère inquiétant, imprévisible. La crainte d'une parole qui déborderait les cadres impartis est intériorisée par tout orateur (et donc par Foucault lui-même !), et relève d'une stratégie générale où se mêlent des interdits, des limites, des exclusions de tout ce qui exprime le désordre de la vie. « *Dans une société comme la nôtre, on connaît, bien sûr, les procédures d'exclusion. La plus évidente, la plus familière aussi, c'est l'interdit. On sait bien qu'on n'a pas le droit de tout dire, qu'on ne peut pas parler de tout dans n'importe quelles circonstances, que n'importe qui, enfin, ne peut pas parler de n'importe quoi.* » L'interdit et le tabou, le partage et le rejet (par exemple du fou), la volonté de vérité (de faire parler pour maîtriser) sont passés au crible de l'analyse philosophique. Plus qu'un programme de travail, c'est à la naissance hebdomadaire d'une philosophie que le public assiste.

## Un exemple : le pouvoir psychiatrique (cours de 1973-1974)

L'*Histoire de la folie* évoquait la médicalisation naissante de la folie au début du XIX<sup>e</sup> siècle ; les cours du Collège de France vont prolonger l'étude du pouvoir*

la jeunesse    raison et folie    structuralisme

psychiatrique comme savoir médical lié à l'ensemble des techniques, des dispositifs disciplinaires* organisés pour maîtriser la folie. L'ordre des régimes imposés au fou comprend la gestion de l'espace (faut-il placer les fous dans le même espace au risque de la contagion ?), l'influence des familles, de l'ordre moral et politique, la hiérarchie des gardiens et des médecins, le quadrillage social, les procédures de punition-guérison, d'isolement, destinées à rendre plus « dociles » des malades réfractaires à l'ordre. La rééducation implique une science dont l'art du panoptique* témoigne (*voir* pp. 32-33), et dont

> « *Il faudrait pouvoir discuter ce que j'ai proposé. Quelquefois, lorsque le cours n'a pas été bon, il faudrait peu de chose, une question, pour tout remettre en place. Mais cette question ne vient jamais. En France, l'effet de groupe rend toute discussion réelle impossible. Et comme il n'y a pas de canal de retour, le cours se théâtralise. J'ai un rapport d'acteur ou d'acrobate avec les gens qui sont là. Et lorsque j'ai fini de parler, une sensation de solitude totale... »*
> **Foucault cité par Didier Éribon, *Michel Foucault*, 1989.**

Foucault retrace l'histoire. Le savoir-pouvoir de la psychiatrie, médicalisation progressive de la punition, participe à un ordre social voué au développement plus « savant » d'une véritable police des conduites.

## L'herméneutique* du sujet (cours de 1982-1983) et le souci de soi

C'est une enquête philosophique et historique que Foucault nous livre sur l'origine et les fondements du « sujet », c'est-à-dire de l'individu se souciant de lui-même et de ses actes d'un point de vue moral, afin de conduire son existence. Qu'est-ce qu'un homme doit faire et penser de lui-même pour mener une vie bonne ? Il existe certes une relativité des valeurs, mais l'exigence de se conduire soi-même demeure dans toutes les cultures. Le sujet moral n'est ni éternel, ni universel : le contenu des normes*, leur vérité varient en fonction des sociétés et des époques. L'étude des Anciens, de Platon à Épicure ou Sénèque, permet au philosophe contemporain de repenser le problème éthique*, d'esquisser ce que pourrait être, après tout son travail de déconstruction des pouvoirs, une éthique propre à notre temps.

Durant le temps de son enseignement dans le prestigieux Collège de France, Foucault passionne son auditoire très nombreux, expose ses recherches en cours qui donneront lieu à de grands livres comme *Surveiller et punir* ou l'*Histoire de la sexualité**.

# Deleuze, l'autre philosophe de la rupture

**De nombreuses thèses rapprochent Deleuze et Foucault, aussi bien philosophiquement que politiquement. L'analyse par Foucault des structures objectives du pouvoir correspond sur bien des points à la critique radicale de Deleuze, qui insiste pour sa part sur le détournement de la faculté créatrice du désir.**

*« Le problème n'est pas celui de dépasser les frontières de la raison, c'est de traverser vainqueur celles de la déraison : alors on peut parler de "bonne santé mentale", même si tout finit mal. »* **Gilles Deleuze,** *Critique et clinique,* **1993.**

## Deleuze, philosophe du désir

Après de multiples études portant sur l'art, l'histoire de la philosophie, la littérature, Gilles Deleuze (1925-1995) constitue sa propre philosophie. Sa rencontre avec le psychanalyste Félix Guattari (1930-1992) en 1969 est déterminante. Ils publient *L'Anti-Œdipe* (1972) et *Mille Plateaux* (1980), deux tomes de *Capitalisme et schizophrénie*. Il s'agit de véritables « bombes » théoriques qui dynamitent toutes les croyances dans la rationalité triomphante aussi bien de la philosophie que du pouvoir* politique, coupables tous les deux d'enfermer le désir dans une sorte de carcan, la psychanalyse* étant la pire des disciplines.

Gilles Deleuze en compagnie de Michel Foucault et de Jean-Paul Sartre lors d'une conférence de presse du GIP en janvier 1972.

*« La première évidence est que le désir n'a pas pour objet des personnes ou des choses, mais des milieux tout entiers qu'il parcourt, des vibrations et flux de toute nature qu'il épouse [...]. La sexualité* est partout : dans la manière dont un bureaucrate caresse*

ses dossiers, dont un juge rend la justice, dont un homme d'affaires fait couler l'argent, dont la bourgeoisie enc... le prolétariat, etc. » (Deleuze et Guattari, *L'Anti-Œdipe*.) Sous couvert de « compréhension », la psychanalyse réduit le désir au fameux complexe d'Œdipe, reproduit le discours moralisateur, par exemple en considérant que les seules manières de « réaliser » le désir sont le fantasme et la sublimation : que de précautions pour écraser la créativité menaçante du désir ! L'analyse deleuzienne de l'homme moderne comme « machine désirante » aboutit à une mise en cause radicale de la société et de ses modèles.

## Des combats communs

Le projet de Gilles Deleuze de libérer les flux de désir, d'inventer des pratiques et des valeurs correspond tout à fait aux analyses sans doute plus froides de Michel Foucault, qui voulut le faire recruter en vain à la faculté lors de sa période clermontoise, puis à Vincennes. Ils participent ensemble au Groupe d'information sur les prisons (GIP).

## L'hommage de Deleuze : un grand livre

Gilles Deleuze publie en 1986 un grand livre de synthèse, sobrement intitulé *Foucault*, un commentaire éclairé et brillant, sous forme d'hommage à la pensée du grand philosophe. Il analyse l'archéologie* comme le dépassement des techniques d'interprétation traditionnelles reposant sur la logique abstraite, ou un sens caché des textes, Foucault préconisant une analyse des « énoncés », à partir de la fonction qu'ils jouent dans un ensemble. Deleuze insiste sur la joie de Foucault à détruire le pouvoir de tous les bourreaux. Deleuze reprend à son compte une redéfinition du savoir, par exemple médical, fondé non sur des principes « humanistes* », mais sur des exigences extérieures, par exemple le pouvoir de contrôler et de prévoir les conduites humaines.

**L'Anti-Œdipe**

En 1972, Deleuze et Guattari publient une charge féroce et révolutionnaire contre l'ordre établi et la psychanalyse qui, au lieu de libérer les hommes, n'a fait que les asservir davantage en les « interprétant » à partir d'une grille de lecture purement bourgeoise de la « famille » et de ses codes. Deleuze et Guattari développent une apologie étonnante du « schizo », comme figure vivante de résistance à cet ordre social.

Foucault est le penseur qui a révolutionné toutes les analyses contemporaines du pouvoir. Deleuze est très proche de lui, au point d'écrire un livre en hommage à celui qui, comme lui, a changé le langage et le visage de la philosophie contemporaine.

# Le Désordre des familles

**En publiant en 1982 _Le Désordre des familles_ avec l'historienne Arlette Farge, Foucault consacre une nouvelle manière d'être philosophe en faisant de l'histoire, et présente un travail important pour les deux disciplines.**

## _Le Désordre des familles, Lettres de cachet des archives de la Bastille_

Le philosophe est effaré en découvrant les pratiques de l'Ancien Régime. La société était alors en proie à différentes crises et la « famille » comme institution n'était pas épargnée. Le roi représentait « le » pouvoir* absolu, divin. Les familles faisaient appel à lui pour faire enfermer un de leurs membres considéré comme réfractaire à l'ordre social, un ordre qui s'imposait de manière plus ou moins consciente dans la vie quotidienne, au cœur des familles. Cela signifie d'abord que la fragilité de la famille moderne est un mythe. Déjà, sous l'Ancien Régime, on trouve des crises, des remises en cause, sauf que le pouvoir du roi est capital : ses « lettres de cachet » scellent le sort de bannis de l'ordre familial et les condamnent à l'enfermement. Ne sachant pour beaucoup ni lire ni écrire, les gens du peuple confiaient leur demande à un écrivain public et s'en remettaient à sa décision.

> « Si Foucault est un grand philosophe, c'est parce qu'il s'est servi de l'histoire au profit d'autre chose : comme disait Nietzsche, agir contre le temps, et ainsi sur le temps, en faveur, je l'espère, d'un temps à venir. »
> Deleuze, « Foucault, historien du présent », _Le Magazine littéraire_, 1988.

## S'en remettre au pouvoir royal

_Le Désordre des familles_ est un livre fascinant : il donne à voir ce que fut l'arbitraire des décisions royales, des désirs en apparence louables (la conformité avec l'ordre

la jeunesse    raison et folie    structuralisme

établi), en réalité ignobles : ceux des familles de faire enfermer l'un des leurs. Plus important, le livre dévoile les normes* en vigueur dans cette société de l'Ancien Régime. On y voit les relations hommes-femmes marquées par la violence et la pauvreté, mais aussi par la passion amoureuse ; les rapports parents-enfants constitués d'espoirs et de déceptions face à ces fils réfractaires, ces filles débauchées, tous ces jeunes refusant inconsciemment leur destin social. Ce que l'on nomme aujourd'hui « maturité » correspond à une abdication devant les normes établies.

## Le sens (philosophique) du cachet (historique)

Avant tout, les lettres de cachet et la requête au roi qu'elles contiennent manifestent une réciprocité du pouvoir : le roi « réalise » sa domination, en même temps qu'il dépend, pour la réaliser, de la reconnaissance du peuple qui lui confie le droit d'enfermer une partie des siens. Michel Foucault et Arlette Farge mettent en lumière la logique de cet appel au roi si étonnant. En effet, il consiste à rendre publics le désordre et la souffrance vécus, et en même temps à confier à cette personne royale le secret de son malheur. Cette histoire réelle et silencieuse des hommes les moins dignes d'entrer dans la grande « Histoire » fascinait Foucault, elle dévoilait, pour lui, la réalité humaine. Loin de privilégier les sources « nobles » de l'histoire, comme les discours officiels, les théories juridiques ou philosophiques, l'historien Foucault étudie les archives oubliées, et transforme ainsi le regard des hommes sur leur passé. Foucault rejette le mythe d'une histoire linéaire et unique, souvent présupposée par les historiens et les philosophes. Il pratique l'histoire en compagnie de spécialistes comme Arlette Farge, et considère la réalité historique des exclus de la société comme étant fondamentale pour comprendre cette dernière.

*« Les études qui suivent [...] sont des études "d'histoire" par le domaine dont elles traitent et les références qu'elles prennent ; mais ce ne sont pas des travaux "d'historien". [...] C'était un exercice philosophique : son enjeu était de savoir dans quelle mesure le travail de penser sa propre histoire peut affranchir la pensée de ce qu'elle pense silencieusement et lui permettre de penser autrement. »*
Foucault, *L'Usage des plaisirs*, 1984.

La publication, en 1982, d'un livre consacré aux lettres de cachet sous l'Ancien Régime, montre un Foucault fasciné par le malheur des familles et leur triste solution : en appeler au roi pour faire enfermer l'un des leurs.

# L'influence de Foucault aux États-Unis

**Foucault et les États-Unis, c'est un peu comme une histoire d'amour réciproque. C'est dans le climat de libération sexuelle qui y règne que l'œuvre du philosophe rencontre un immense succès. Son influence considérable dépasse le cadre de la philosophie pure.**

## Une influence énorme

Après la Tunisie, ses voyages au Brésil et au Japon où il s'initie à la pratique du zen (!) en 1978, Foucault revient aux États-Unis régulièrement pour y faire des conférences qui rencontrent un succès impressionnant. En 1975, il participe à un colloque « contre-culturel » avec les fondateurs du courant antipsychiatrique, Laing et Cooper ; en 1979, il fait un exposé à Stanford sur le pouvoir* des religieux ; en 1980, il tient une série de conférences sur « vérité et subjectivité » à Berkeley, où il enseigne en qualité de *visiting professor*. Son succès outre-Atlantique correspond à l'amour qu'il porte à ce pays, à la Californie en particulier, et à la liberté sexuelle alors possible. Travail et plaisirs se conjuguent alors dans la vie du philosophe, dans une atmosphère engagée, propice à toutes les critiques du pouvoir. Les thèmes liés à la démédicalisation de la folie, à l'histoire des sociétés répressives et à la sexualité* rencontrent un vif succès auprès de l'intelligentsia américaine. L'immense travail de Foucault influence divers courants féministes. Les tenants de la « théorie Queer » reprennent l'idée d'une construction arbitraire, discutable, des normes* hétérosexuelles. Judith Butler, professeur de littérature comparée à Berkeley, incarne le féminisme de la subversion fondé sur une identité mouvante, libre.

---

**Une gloire chez les non-philosophes**

C'est davantage auprès des étudiants en anthropologie et en histoire que Foucault connaît du succès. Les philosophes ont tendance à bouder celui qu'ils considèrent comme trop compliqué (reproche américain) ou pas assez marxiste (reproche français).

la jeunesse | raison et folie | structuralism

## Une nouvelle manière de faire de la philosophie et de la politique

Attaqué par les conservateurs qui le trouvent trop engagé, et par les marxistes* qui le jugent trop « nihiliste* », Foucault séduit davantage les historiens que les philosophes. Son succès fait des jaloux, mais, au-delà, le contenu de ses recherches décloisonne les disciplines et dépasse les clivages. Les années 1975-1980 sont celles des recherches sur les techniques de soi (pratiques méditatives), l'histoire de la sexualité et l'éthique*. La presse américaine en fait une icône, bien au-delà de la pure philosophie, et le *Time Magazine* s'en fait régulièrement l'écho.

### L'homosexualité politique

L'enjeu lié à la reconnaissance de la liberté sexuelle dépasse le cadre strict de l'homosexualité. La libéralisation du sexe exprime l'état d'esprit des *gay studies* d'avant-garde, avec l'art et la politique. À la limite, le fait de réduire l'amour entre hommes ou femmes à la « sexualité » en les nommant « homosexuels » témoigne déjà d'une réduction de leurs relations, et donc d'une exclusion. L'homosexualité est une pratique sexuelle et une culture. La Californie des années 1980 constitue à ce titre un modèle de liberté pour Foucault, et un enjeu politique majeur, dans la mesure où l'ordre social et ses normes sont bouleversés. C'est un fait à la fois culturel et politique : l'homosexualité est plus facile à assumer en Californie, où deux hommes n'ont pas l'obligation d'être jeunes et beaux pour avoir le droit de se promener ensemble dans la rue. Cette liberté plaît à Foucault.

---

**L'image de la Grèce : liberté et homosexualité**

« *Aimer les garçons était une pratique "libre" en ce sens qu'elle était non seulement permise par les lois [...] mais admise par l'opinion. Mieux, elle trouvait de solides supports dans différentes institutions (militaires, pédagogiques...). C'était enfin une pratique culturellement valorisée par toute une littérature qui la chantait et une réflexion qui en fondait l'excellence.* » Foucault, *L'Usage des plaisirs*, 1984.

---

Les historiens américains, les spécialistes d'analyse littéraire ont davantage été marqués par l'œuvre de Foucault que les « philosophes », qui ont reconnu tardivement la force de la pensée de Foucault. La liberté politique, les multiples remises en cause de l'ordre établi de Foucault viennent aussi de son amour pour les États-Unis.

# Une éthique renouvelée

**La critique du pouvoir, du droit et de la morale n'interdit pas de penser une nouvelle éthique, à condition d'inventer de nouvelles normes, une nouvelle manière de vivre et de penser, d'être soi-même en étant libre.**

L'École d'Athènes de Raphaël (1510) avec, au centre, Platon et Aristote. Contrairement à ce qui se dit souvent, Foucault restait particulièrement réaliste et critique vis-à-vis de l'idéal grec. Il ne croyait pas du tout qu'un retour aux Grecs fût possible ou souhaitable, il affirmait seulement cette exigence d'avoir à construire autrement son identité, d'avoir un autre rapport à soi-même.

## L'âme, prison du corps ?

Les analyses de *Surveiller et punir*, ainsi que l'étude monumentale de l'*Histoire de la folie à l'âge classique* ne se contentent pas d'expliquer et de rejeter plus ou moins explicitement les mécanismes de pouvoir* étudiés. Le philosophe dévoile un certain arbitraire de la psychiatrie et de la justice. Mais il donne, à travers cela, les moyens d'imaginer ce que pourrait être un homme débarrassé des chaînes intérieures que la société installe au cœur même des sujets. Il faut renverser l'ordre, la hiérarchie âme-corps, et tout dualisme*, c'est-à-dire toute séparation illusoire entre la matière corporelle et l'esprit dans la mesure où ce genre de séparation ne vise qu'à enfermer le corps dans une âme programmée, en quelque sorte, par toute une série d'injonctions, ce qu'il est « normal » de faire, de désirer, de penser, etc. Le corps, devenu prisonnier d'une âme elle-même enfermée dans le carcan des « normes* », peut faire l'objet d'une authentique libération. Le « sujet » lui-même, que ce terme désigne l'homme dans son ensemble ou sa simple fonction dans la société, peut et doit être capable de se libérer. On le voit : Foucault tend, à la fin de sa courte vie, à dépasser les hiérarchies âme-corps, les dualismes

la jeunesse | raison et folie | structuralism

établis par la philosophie, et nous fait prendre conscience qu'il est temps d'inventer une nouvelle manière de se rapporter aux normes.

## Un droit non disciplinaire*

Après les grandes critiques du droit élaborées dans les années 1970-1975, Foucault en vient peu à peu à reconnaître dans le droit une autre dimension que celle d'outil de domination d'un groupe sur un autre groupe. Il se place alors du côté de l'individu et de sa revendication naturelle à résister aux normes établies, le philosophe durcissant sa lutte contre l'arbitraire des décisions politiques, économiques et... judiciaires. Le droit contre le droit (*voir* pp. 36-37) : il faut comprendre cette référence à une autre justice, *a priori* étonnante de la part de Foucault, comme une revendication minimale, éthique*, le droit de tout être vivant à persévérer dans son être, à exister dans sa différence, et par elle, malgré ou contre les pouvoirs en exercice. C'est l'aspect le plus optimiste de la pensée de Foucault. Si l'humanisme* a produit (malgré lui) bien des aliénations, Foucault lui reconnaît une certaine efficacité, une certaine puissance constitutive de la liberté.

## Un nouveau sujet ?

Ce travail suppose d'inventer un nouveau « sujet » qui ne soit plus un être qui obéit, un esprit façonné par le pouvoir, mais un lieu d'invention de soi-même. Après les grandes critiques, souvent radicales, du système établi, il semble donc que le cheminement du philosophe l'ait conduit à des prises de position moins polémiques, plus recentrées sur l'individu et sa quête d'équilibre, de sagesse. D'une certaine manière, le philosophe renoue alors avec l'idéal de sagesse antique, sans que cette quête soit, pour des raisons historiques évidentes, superposable. Foucault reprend donc en partie à Nietzsche cet idéal mi-éthique, mi-esthétique, dans lequel le « sujet » doit être en mesure de s'inventer, comme s'il faisait de sa vie une œuvre d'art.

**La morale grecque**

« *Cette morale n'était liée à aucun système institutionnel et social — ou tout au moins à aucun système légal. Par exemple, les lois contre les mauvaises conduites sexuelles sont très rares et peu contraignantes. Enfin, ce qui les préoccupait le plus, leur grand thème, c'était de constituer une sorte de morale qui fût une esthétique de l'existence.* » Foucault cité par H. Dreyfus et P. Rabinow, *Michel Foucault*, 1984.

Inventer une nouvelle manière d'être soi-même, en se libérant du carcan des normes établies, tel est l'idéal nouveau, malheureusement inachevé, vers lequel semblait tendre le philosophe.

# Un héritage universel

**Il n'est pas un domaine qui ne soit concerné par l'immense travail d'analyse et de remise en cause de Foucault. Les perspectives éthiques\* qui apparaissent à la fin de son œuvre et de sa courte vie laissent entrevoir une dimension morale souvent méconnue dans sa philosophie.**

## Le nouveau savoir

L'œuvre de Foucault a bouleversé l'ensemble des connaissances et des méthodes de compréhension dans la totalité des sciences de l'homme. L'immense travail de mise en perspective touche tous les domaines du savoir et de la pratique : histoire, psychologie, médecine, psychiatrie, économie, sociologie... La « folie » ne peut plus, après Foucault, être regardée de la même façon, ni même l'enfermement des délinquants ou les différentes politiques de rééducation. Le dévoilement des structures propres aux sociétés disciplinaires\* donne une responsabilité nouvelle aux dirigeants. Nul ne peut plus faire comme si les réformes éducatives ou médicales suffisaient à humaniser les pratiques judiciaires ou éducatives. Désormais, on le sait, tout savoir établi « sur » l'homme s'accompagne d'une certaine pratique du pouvoir\*. On sait même que savoir et pouvoir se constituent mutuellement.

> **L'envers de Platon**
>
> « *L'histoire de la morale, c'est avant tout l'histoire du corps, l'histoire des corps.* »
> (Foucault, *Le Pouvoir et la Norme*, 1976.)
> Le philosophe prend le contre-pied de Platon, la morale n'appartient pas à l'histoire des idées, mais à l'histoire de l'assujettissement des individus.

## Éthique et esthétique

Les recherches des années 1980 orientent la pensée du philosophe sur le terrain de l'éthique. Pourtant, après l'ampleur de ses critiques

la jeunesse | raison et folie | structuralism

visant le pouvoir éducatif et moral, il ne peut plus être question de fonder une morale sur les bases de l'autonomie et de la responsabilité, telles qu'elles avaient été constituées par l'héritage des Lumières et les progrès issus des droits de l'homme. Les guerres modernes, les tortures au nom de cet « Homme » ont renforcé le soupçon à l'égard de l'humanisme\*, dont Foucault retrace les illusions et les ambiguïtés. L'influence des sagesses grecque et orientale se fait alors sentir dans les dernières recherches du philosophe. Cette nouvelle éthique serait au cœur de l'existence, de l'expérience de soi-même et des manières de vivre et de mourir. Être pour sa propre vie comme l'auteur d'une œuvre d'art : c'est bien à une esthétique de l'existence que Foucault semble nous conduire. « *La déconstruction comme fin en soi n'a jamais intéressé Foucault. Son objectif est uniquement de s'attaquer aux pratiques qu'il considère comme des facteurs importants du danger auquel nous avons à faire face aujourd'hui.* » (Hubert Dreyfus et Paul Rabinow, *Michel Foucault, un parcours philosophique*, 1984.) La dimension critique, la remise en cause des normes\* et de l'ordre établi ne sont qu'un aspect de son œuvre, dont les derniers travaux indiquent une autre dimension, peut-être plus constructive, éthique.

## Un nouveau souci de soi

Les cours au Collège de France en témoignent. L'érudition extraordinaire du philosophe fait autre chose que nous éblouir : elle nous conduit au seuil d'une nouvelle pratique morale. Comment être soi-même sans obéir à un pouvoir, à un ensemble de normes, d'exigences imposées à nos existences ? Comment construire son identité, sa sexualité\* sans obéir à des règles imposées ? Bien au-delà du thème aujourd'hui daté de la « libération des mœurs », c'est une autre manière de vivre et d'être libre que nous offre une telle philosophie.

**Le sida**
**Michel Foucault fut victime de cette terrible maladie, encore si méconnue en 1984. Ironie du sort : rarement une œuvre philosophique aura eu autant d'influence sur le pouvoir médical, la sexualité, l'éthique.**

La science, l'histoire, le droit, et bien sûr la philosophie : tous les domaines du savoir ont été marqués par l'empreinte du penseur. Paradoxalement, sa critique radicale de l'humanisme débouche sur une exigence morale renouvelée, dont son engagement et les travaux de la fin de sa vie témoignent.

# Glossaire

**Archéologie :** Foucault transforme la pratique habituelle de la philosophie et de l'histoire en se faisant archéologue. L'« archéologie » désigne la recherche des conditions du discours et des pratiques dans les archives souvent délaissées ou méconnues qui constituent pourtant les traces réelles des choix d'une société.

**Bio-pouvoir :** le politique s'occupe de natalité, de santé, d'alimentation, d'hygiène, etc. La « vie » (*bio* en grec) de la population est objet de maîtrise, de prévision et de transformation, la connaissance des comportements humains répond à une exigence propre à nos sociétés de surveillance.

**Clinique :** au départ interprétation des signes visibles de la maladie (symptômes), la « clinique » repose sur une croyance : l'antériorité de la visibilité de la maladie sur le regard du médecin, sur son diagnostic. En réalité, la maladie est « transformée » par l'interprétation du regard médical afin d'avoir un sens, et donc de devenir objet de savoir.

**Disciplinaire (société disciplinaire) :** la disparition en Europe des supplices au XIXᵉ siècle n'est pas le produit d'une meilleure humanité, mais d'un usage de la science et de la médecine dans l'art de gouverner et de punir, à l'école, dans la caserne, dans l'entreprise, à l'hôpital. Une société de surveillance, « disciplinaire », est ainsi apparue.

**Dualisme :** désigne, en philosophie, la distinction, l'opposition et la hiérarchie entre l'âme et le corps. L'analyse des pouvoirs* de Foucault dépasse cet ordre : il considère que le pouvoir s'exerce sur l'un et l'autre, l'âme pouvant devenir « *prison du corps* ».

**Épistémè :** c'est à la fois une image de la connaissance, de ce que signifie « savoir » à une époque donnée, et le contenu des connaissances relatives à cette époque. L'idéal d'un savoir universel et indépendant est donc complètement détruit, si l'on considère que toute vérité n'est, en fait, qu'une *épistémè*.

**Éthique :** Foucault s'intéresse à l'éthique à la fin de sa vie, à partir de l'étude du « souci de soi » (comme rapport à soi-même). Si l'on peut définir la morale comme un ensemble de prescriptions, de conventions relatives à une société et une époque données, l'éthique est notre manière d'être, notre façon personnelle de se constituer comme sujet moral. Cette éthique, présente chez les Grecs, est distincte des idéaux de la morale issue de la modernité.

**Existentialisme :** mouvement philosophique qui affirme que « *l'existence précède l'essence* », que l'homme se définit par ses actes, par ce qu'il fait et non par une nature prédéfinie. Au centre de cette philosophie, les notions de liberté, de responsabilité, d'authenticité dans l'engagement. Sartre représente en France cette philosophie de la liberté.

la jeunesse · raison et folie · structuralism

**Familialisme :** conception soumettant les individus à un ordre familial considéré comme indépassable.

**Généalogie :** le terme vient de Nietzsche. Méthode qui met notamment en question les valeurs, les normes* en les replaçant dans le temps et démontre leur relativité.

**Gouvernementalité :** né en 1978, ce concept apparaît dans les cours donnés au Collège de France et désigne le pouvoir* sur les populations par l'économie, la démographie, les pratiques sécuritaires.

**Herméneutique :** le terme désigne, à l'origine, toute théorie de l'interprétation des textes religieux, juridiques. Il regroupe aujourd'hui les méthodes et les travaux donnant la priorité au sens des œuvres à partir du projet libre qui les anime, par opposition aux doctrines considérant le créateur comme déterminé par un contexte extérieur. Foucault réalisa une « herméneutique du sujet », c'est-à-dire une étude de la manière dont les hommes ont construit leur identité.

**Humanisme :** historiquement, le terme désigne le développement et l'amour des connaissances apparaissant à la Renaissance (XVIᵉ siècle). Philosophiquement, il se fonde sur le fait de placer l'homme au centre des valeurs et des savoirs, ce que conteste Foucault qui considère au contraire qu'un tel « Homme » est une illusion dangereuse car responsable d'exclusions multiples.

**Illégalisme :** en fonction de leur origine sociale, les individus ne peuvent s'attendre à être punis de la même manière, et ils ne contournent pas la loi de la même façon. Démunis et nantis entravent le droit différemment.

**Marxisme :** philosophie fondée sur une conception matérielle et dialectique de l'histoire et des rapports humains. La lutte des classes constitue le sens de l'évolution de l'histoire. Foucault est critique envers le marxisme contemporain, y compris le marxisme humaniste* de Sartre.

**Mort de l'homme :** l'expression employée dans la conclusion des *Mots et les Choses* a choqué. Elle est le pendant du thème de Nietzsche selon lequel « *Dieu est mort* », et exprime simplement la fin de l'humanisme* et des sciences humaines prenant l'homme comme valeur absolue.

**Nihilisme :** négation de toutes les vérités et de toutes les valeurs. Le nihiliste nie l'existence des modèles et de toutes les références, mais aussi des vérités au cœur de toute démarche scientifique et morale. Certains ont reproché à Foucault une sorte de nihilisme, puisqu'il met en cause les normes* et le sens de l'histoire.

# Glossaire (suite)

**Normatif, norme :** « *Une norme, c'est une exigence imposée à une existence.* » (Canguilhem, *Le Normal et le Pathologique.*) Elle a donc une histoire et varie en fonction des sociétés. Tous les domaines (droit, science, morale, etc.) sont « normatifs » en ce qu'ils partagent, excluent telle ou telle conduite en fonction de leurs normes, sans savoir qu'elles sont relatives. Une société impose aux individus ce qu'il convient de penser, de désirer, de faire pour être « normal ».

**Panoptique (*panopticon*) :** le « panoptique » (qui dérive du grec et signifie « tout voir ») est un art de la surveillance fondé par le philosophe Jeremy Bentham. Pouvoir* à distance fondé sur une architecture qui rend visible le prisonnier à tout moment sans que celui-ci sache quand on le surveille et qui le surveille. Foucault généralise ce modèle aux sociétés disciplinaires* modernes.

**Pouvoir :** non pas seulement l'attribut de l'État ou de la bourgeoisie mais aussi et surtout chez Foucault multiples stratégies d'ordre, de surveillance des hommes, confortées et justifiées par la science et la morale.

**Psychanalyse :** méthode d'investigation du psychisme humain fondée par Freud. Foucault s'y intéressa un temps avant de la considérer comme une technique relayant l'idéal de soumission et d'aveu de la société contemporaine.

**Psychopathologie :** partie de la psychologie traitant des maladies mentales. Foucault étudia entre autres cette discipline en insistant sur sa dimension à la fois relative et autoritaire.

**Sexualité :** d'abord l'un des domaines d'application du pouvoir* (avec la santé, l'alimentation), la sexualité devient pour Foucault une manière de se faire soi-même « sujet », de construire son identité. Il analyse les manières dont les sociétés en ont fait un problème et découvre tous les enjeux de pouvoir qui y sont liés.

**Structuralisme :** issu de la linguistique, le structuralisme regroupe des recherches diverses en sciences de l'homme dont le point commun est d'étudier l'ordre produit par l'homme indépendamment de sa volonté ou de sa conscience. Foucault fut considéré malgré lui comme l'un des grands du structuralisme.

**Subjectivation :** manière de se faire « sujet », de se réaliser comme auteur de soi. On peut se construire comme sujet, soit en se soumettant à l'ordre, soit en se « souciant de soi-même » comme auraient dit les sages de l'Antiquité grecque.

la jeunesse  raison et folie  structuralism

# Bibliographie

## Quelques ouvrages de Foucault

*Histoire de la folie à l'âge classique*,
Gallimard, 1976.
La publication de la thèse de doctorat
du philosophe qui analyse, au-delà
de l'histoire de l'enfermement du fou et
de ses conditions, les limites de la raison
elle-même aux prises avec son « autre ».

*Naissance de la clinique,
une archéologie du regard médical*,
PUF, 2003.
La constitution de la « maladie »
et celle du pouvoir médical sont
interdépendantes. La médecine éclairée
par la philosophie.

*Les Mots et les Choses, une archéologie
des sciences humaines*, Gallimard, 1990.
L'un des livres les plus difficiles d'accès,
fondamental en ce qu'il fut considéré
comme le plus important pour
le structuralisme.

*L'Ordre du discours, Leçon inaugurale
au Collège de France*, Gallimard, 1989.
Plus qu'une introduction à ses cours,
le petit livre présente les aspects de
la pensée du dernier Foucault, obnubilé
par les problèmes liés aux « énoncés »,
à leurs conditions et à leurs limites.

*Surveiller et punir, naissance
de la prison*, Gallimard, 1993.
Une étude extraordinaire de précision
et de lucidité sur la relativité de la prison, réalisation historique du pouvoir
et du savoir sur l'homme.

*La Volonté de savoir* (1994),
*L'Usage des plaisirs* (1997),
*Le Souci de soi* (1997), tomes I, II, III
de l'*Histoire de la sexualité*, Gallimard.
Davantage qu'une simple histoire
des théories et des pratiques liées
à la sexualité, puisque c'est la vie
elle-même qui est déterminée par
les discours et les conduites exigées
sur le sexe. La Grèce antique apparaît
de plus en plus comme une référence,
sans être un modèle.

*Cours au Collège de France*
Une mine passionnante, retraçant
l'enseignement du philosophe : toutes
ses recherches sur le pouvoir médical,
la psychiatrie et la société, la Grèce
antique et la sexualité... Les évolutions,
les prises de position et le style rendus
vivants par une façon d'exposer savante
et passionnante, exceptionnelle. Lire
notamment *L'Herméneutique du sujet*,
Gallimard/Seuil, 2001 et *Le Pouvoir
psychiatrique*, Gallimard/Seuil, 2003.

## Ouvrages traitant de Foucault

*L'Arc*, n° 30, 1966, « Sartre répond. »
Un entretien, une polémique très
éclairante entre le philosophe de la
conscience et celui des structures.
Existentialisme ou structuralisme ?

COLOMBEL (Jeannette), *Jean-Paul Sartre,
un homme en situations*,
Le Livre de poche, 2000.
Une épopée de la pensée contemporaine, derrière la figure de Sartre, bien

# Bibliographie (suite)

sûr, mais aussi avec les débats,
les confrontations Sartre-Foucault
qui se donnent à lire comme un roman.

DELEUZE (Gilles), *Foucault*,
Minuit, 2004.
Plus qu'une analyse, un hommage
dans le style foisonnant, riche
en concepts et en angles de vue
originaux, renouvelant les perspectives
classiques. Du grand Deleuze.

DERRIDA (Jacques),
*L'Écriture et la Différence*,
Seuil, 1979.
Une confrontation entre deux
interprétations de Descartes,
des principes de sa philosophie
et de la folie, qui nous apprend
énormément sur les enjeux et
les contenus de Derrida et de Foucault.

DREYFUS (Hubert) et RABINOW (Paul),
*Michel Foucault, un parcours
philosophique*, Gallimard, 1992.
L'incontournable étude des plus
grands spécialistes du penseur, enrichie
de plusieurs entretiens. L'ensemble
de la pensée est analysée, expliquée,
critiquée avec une précision
impressionnante.

ÉRIBON (Didier), *Michel Foucault*,
Flammarion, 1991.
Un immense travail de biographe
sur Foucault. Sa vie de philosophe
éclairée par un journaliste-écrivain
particulièrement inspiré par
les idées du philosophe.

MONOD (Jean-Claude), *Foucault,
la police des conduites*, Michalon, 1997.
Une analyse magistrale de l'antijuridisme de Foucault, de ses conditions
et de ses limites, ainsi que des consé-
quences sur le terrain du droit
et du pouvoir.

REVEL (Judith), *Le Vocabulaire
de Foucault*, Ellipses, 2002.
Un outil précis et pédagogique
pour partir avec des idées claires
sur la pensée du philosophe.

VÉDRINE (Hélène), *Le Sujet éclaté*,
Livre de poche, 2000.
Une histoire philosophique du Sujet,
passionnante, qui explicite l'apport
considérable de Foucault à la critique
de l'humanisme moderne.

la jeunesse · raison et folie · structuralism

# Index

*Le numéro de renvoi correspond à la double page.*

**Responsable éditorial**
Bernard Garaude

**Directeur de collection**
Dominique Auzel

**Suivi éditorial**
Carine Panis

**Assistante d'édition**
Sophie Boizard

**Correction-Révision**
Claire Debout

**Iconographie**
Anne-Sophie Hedan

**Maquette**
Pascale Darrigrand

**Couverture**
Bruno Douin

**Fabrication**
Isabelle Gaudon
Magali Martin

**Crédits photo**
p. 3 : © Raymond Depardon/Magnum
Photos ; p. 12 : © Photos12.com - ARJ ;
p. 16 : Fonds Elie Kagan
© Bibliothèque de documentation
internationale contemporaine (BIDC)
et Musée d'histoire contemporaine ;
p. 18 : © Prado, Madrid, Spain,
Giraudon/Bridgeman Giraudon ;
p. 28 : Rue des Archives
© Suddeutsche Zeitung/Rue des
Archives ; p. 32 : ©René-Gabriel
Ojéda/RMN ; p. 39 : Fonds Elie Kagan
© BIDC et Musée d'histoire
contemporaine ; p. 48 : Fonds Elie
Kagan © BIDC et Musée d'histoire
contemporaine ; p. 54 : ©Electa/
Leemage.

*Les erreurs ou omissions
involontaires qui auraient pu
subsister dans cet ouvrage malgré
les soins et les contrôles de l'équipe
de rédaction ne sauraient engager
la responsabilité de l'éditeur.*

© 2006 Éditions MILAN
300, rue Léon-Joulin,
31101 Toulouse Cedex 9 France

Droits de traduction
et de reproduction réservés pour
tous les pays. Toute reproduction,
même partielle, de cet ouvrage
est interdite.
Loi 49.956 du 16.07.1949
ISBN (10) : 2-7459-2268-8
ISBN (13) : 978-2-7459-2268-7
D. L. septembre 2006
Aubin Imprimeur, 86240 Ligugé
Imprimé en France